L'ART DE LA GUERRE

ET

LE COLONEL GROUARD

OUVRAGES DU LIEUTENANT-COLONEL GROUARD

(A. G., ancien élève de l'École Polytechnique.)

LIBRAIRIE CHAPELOT (Marc Imhaus et René Chapelot),
30, rue Dauphine, Paris (VIe).

Stratégie. Objet ; Enseignements ; Éléments. Paris, 1894,
broch. in-8 . . . . 1 vol.

Nouvelles Observations sur l'objet et les éléments de la Stratégie.
Paris, 1897, broch. in-8. . . . . 1 vol.

STRATÉGIE NAPOLÉONIENNE

Maximes de guerre de Napoléon Ier. Paris, 1896, broch. in-8
avec croquis. . . . . 1 vol.

Encore une maxime de Napoléon. Paris, 1896, broch. in-8. 1 vol).

Les batailles de Napoléon. A propos d'un écrit récent. Paris,
1900, in-8 . . . . 1 vol.

La Campagne d'automne de 1913 et les lignes intérieures.
Paris, 1897, in-8, avec une carte générale du théâtre de la
guerre. . . . . 1 vol.

La Critique de la Campagne de 1815. Paris, 1904, in-8 . . 1 vol.

La Critique de la Campagne de 1815. Réponse à M. Houssaye.
Paris, 1907, in-8 . . . . 1 vol.

GUERRE DE 1870

L'Armée de Châlons. Son mouvement sur Metz. Paris, 1884,
in-8. . . . . 1 vol.

La Critique stratégique de la guerre franco-allemande :
    Tome   I. *Les Armées en présence.* Paris, 1906, in-8 . . 1 vol.
    Tome II. *Wœrth et Forbach.* Paris, 1905, in-8 . . . 1 vol.
    Tome III. *L'Invasion.* Paris, 1908, in-8. . . . . . . 1 vol.

Comment quitter Metz en 1870 ? Paris, 1901, in-8. . . . . 1 vol.

Fallait-il quitter Metz en 1870 ? Paris, 1893, in-8. . . . 1 vol.

Le Blocus de Paris et la première armée de la Loire :
    1re partie: *Depuis la capitulation de Sedan, jusqu'à la capitu-*
    lation de Metz. Paris, 1879, in-8. . . . . 1 vol.
    2e partie : *Coulmiers et ses suites.* Paris, 1890, in-8 . . 1 vol.
    3e partie : *Champigny, Joigny, Orléans. Résumé et conclu-*
    sions, 1893, in-8. . . . . 1 vol.

FRANCE ET ALLEMAGNE

La guerre éventuelle. Paris, 1913, in-12. . . . . 1 vol.

C. DE BOURCET

L'ART DE LA GUERRE

ET

LE COLONEL GROUARD

NOUVELLE LIBRAIRIE NATIONALE

11, RUE DE MÉDICIS, PARIS

MCMXV

DE BOURET

AVANT-PROPOS

Quand on étudie les principes qui font la force et la solidité d'une nation, on peut affirmer que la conduite des armées ne le cède pas, en importance, à la conduite de l'État ; je dirai même qu'elle en fait partie. C'est sous l'empire de cette constatation que j'ai réuni les articles, dans l'ordre et le ton de conversation avec lesquels ils ont paru, au cours du dernier printemps, dans les Tablettes des Deux-Charentes, et dont le but était de rappeler à mon pays les titres particuliers du colonel Grouard.

Quelques extraits de ses œuvres et de ses derniers articles permettront à mes compatriotes de se rendre compte de la portée des travaux de cette belle et fière intelligence militaire, qui a tout sacrifié à ce qu'elle a jugé juste. La tourmente actuelle ajoutera sans aucun doute un grand prix à des conclusions qui relèvent à la fois de la sagesse et de l'histoire.

J'espère que ce recueil, malgré son imperfection, véritable à côté de l'œuvre elle-même, contribuera à faire connaître les qualités d'un esprit qui a eu le

*rare bonheur, à défaut des louanges de ses contempo-
rains, de réunir au respect et au sens des expériences
du passé des dons naturels pour servir l'art de la
guerre, pour tracer les grandes lignes d'une doctrine
de guerre.*

C. de B.

L'ART DE LA GUERRE

ET LE

COLONEL GROUARD

I

A la Presse française[1].

Nous voulons adresser, pendant la guerre, l'expression d'une vive et patriotique reconnaissance au colonel Grouard, le premier, parmi tous les critiques militaires de notre époque, qui ait compris et défini avec une précision hors ligne les propriétés stratégiques de la frontière franco-allemande, suivant qu'on se place au delà ou en deçà de cette frontière. Il n'y a pas un de nos compatriotes qui ne sera frappé et saisi, à la lecture des œuvres du colonel Grouard, de la clairvoyance et de la puissance de raisonnement avec lesquelles cet officier supérieur a étudié l'histoire militaire pour en tirer des enseignements exposés avec une précision lumineuse et prophétique.

[1] Appel publié par les *Tablettes des Deux Charentes* le 17 mars 1915.

I

Dès le 7 février dernier [1], il avait été rendre hommage à l'auteur de *la Guerre éventuelle*, de *la Stratégie napoléonienne*, des *Camps retranchés et la perte des États*, de la *Critique de la campagne d'automne de 1813*, de la *Critique de la campagne de 1815*, de la *Critique stratégique de la guerre franco-allemande*, du *Blocus de Paris et la première armée de la Loire*, de *Comment quitter Metz en 1870*, de *Réorganisation de l'armée*, de *la Stratégie*. Il était fait allusion aux relations du colonel Grouard avec le général de Miribel. Celui-ci, étant chef de l'état-major général de l'armée, s'est souvenu de la communication qui lui avait été faite d'un travail personnel du capitaine Grouard, *le Plan de campagne contre l'Allemagne ;* cette étude avait été remise également au général Février, au duc d'Aumale à Chantilly (le prince en avait prié l'auteur), au général Billot. Dans ce travail dont l'auteur a dû modifier certaines données, il recommandait déjà le système de la défensive stratégique. Le général de Miribel, au moment de l'affaire Schnœbelé, fit mander le commandant Grouard à Paris et songea à l'attacher à l'état-major général. On lui répondit que c'était impossible parce qu'il n'était pas *breveté !* Miribel tint bon et fit délivrer au commandant Grouard un ordre de mobilisation qui l'affectait, dès le premier jour, au grand quartier général des armées. A ces détails, nous en ajouterons d'autres.

[1] Le *Nouvelliste de Bordeaux* publiait un article intitulé *Deux officiers d'artillerie*

En 1897, le lieutenant-colonel Grouard, dont l'avancement paraissait d'une lenteur extraordinaire, était directeur d'artillerie en Corse ! Un télégramme du général Deloye le manda à Paris auprès du ministre de la Guerre, le général Billot, qui le pria de refaire son travail de 1882, d'après les nouvelles conditions de la mobilisation. Après trois mois d'études, il remit au ministre le travail demandé. En 1900, il prenait sa retraite, recevant la rosette d'officier de la Légion d'honneur. Nous oublions de noter que, détaché à l'état-major sous Miribel, il avait rédigé un plan de l'invasion de l'Allemagne, consécutive à nos premières victoires en France. Depuis, le colonel Grouard n'a pas cessé, avec sa plume, de faire valoir les grandes règles de la guerre.

Nous devons rappeler la vigilance avec laquelle le colonel Grouard défendit les principes et l'histoire militaire contre l'indifférence et le dédain à la faveur desquels certains militaires, à l'aide de la réclame qui entoure une chaire d'enseignement tactique ou stratégique, se faisaient une « position », autour de laquelle venaient se grouper, pour des besoins de carrière, des pléiades d'officiers. La guerre se modernise, disait-on ; que peut-on faire des principes napoléoniens ? Le colonel Grouard répondait et prouvait que si les applications peuvent être modifiées dans le détail, les principes qui régissent la défensive et l'offensive restent les mêmes. *Si les moyens changent, les principes restent.* Élevons-nous un peu au-

dessus du domaine purement technique. Ne voyons-
nous pas, dans la confection de certaines réputations,
une preuve de l'influence démocratique qui devait
soi-disant faire disparaître des maux qu'on mettait
bénévolement sur le compte de régimes dits « déchus »
et qui n'a fait que les exacerber ? Il va de soi, en
effet, que le suffrage implique la réclame, devenue
la base de l'élévation, sans aucune régulation indépendante des influences inférieures ; il devait déteindre
sur une armée qui ne faisait plus la guerre depuis
quarante-quatre ans.

On peut, en effet, remarquer que ce qui affecte
un organisme général comme l'État, affecte un organisme spécial comme l'armée. Si les principes de
direction et de permanence font défaut à l'État, un
organisme spécial comme l'armée peut en souffrir.
A une époque où, par le fait de l'Allemagne, les
nations qui avaient tout à redouter d'elle ont été
obligées d'armer tous leurs enfants, le fait de proclamer à tout instant que l'armée ne pouvait éprouver
aucun dommage de ce qui se passait à côté d'elle est
une sottise grossière. Il est certain que l'armée a
donné un bel exemple de travail patient, malgré des
difficultés considérables provenant du fait politique,
puisque, quoi qu'elle fît, elle était suspecte en raison
de son caractère hiérarchique, discipliné, antithèse
de ce qui l'entourait. Il est encore bien plus certain
aussi que, à force de vivre dans une telle ambiance,
elle subissait les mêmes dommages que la société

civile. Cela est même perceptible dans les directions techniques et doctrinales qu'elle recevait, directions qui faisaient la part des individus plus que celle des principes. Beaucoup de gens s'aperçoivent de cela maintenant, et c'est un des premiers résultats de l'épreuve.

Le colonel Grouard a protesté : contre certaines affirmations d'après lesquelles les principes n'étaient plus nécessaires ; contre certaines théories d'offensive dite moderne ; contre la minime estime accordée aux principes que Napoléon a formulés, principes si supérieurs que chaque fois qu'ils furent violés par Napoléon lui-même, celui-ci fut battu, comme en 1813 et 1815 ; contre la déification de l'Allemand Clausewitz considéré comme interprète orthodoxe de Napoléon ; contre la doctrine du général belge Brialmont sur la fortification intensive et les pivots stratégiques, démontrant, preuve à l'appui, que ces doctrines amènent fatalement la perte des armées rivées à des régions ou à des places et, par conséquent, la perte des États. Enfin, il ramena l'attention sur une partie négligée de l'art de la guerre : la stratégie.

Toute l'œuvre du colonel Grouard se tient. C'est un monument de logique et de vérité. Après une étude approfondie de l'utilisation de nos frontières, le colonel a écrit son dernier livre, *la Guerre éventuelle*, réunion d'articles publiés dans la *République Française*, en 1911, trois ans avant la guerre. Nous nous contenterons de dire, d'après des témoignages

compétents, qu'il est bon qu'une doctrine aussi saine
et aussi limpide soit répandue aux armées et dans
toute la France. Les extraits qui en ont été donnés
sont peu de chose à côté de la lecture d'ouvrages
qui doivent être les premiers à lire, dans notre France
envahie. Ce n'est pas tout, d'ailleurs : le colonel
Grouard avait, en 1913, dans la *République Française*, traité de « l'offensive allemande par la Belgique ». Ces derniers articles consacrent sa prévoyance
et sa sagacité.

Enfin, par respect de la vérité, mentionnons ce
fait significatif : tandis que les ouvrages du colonel
Grouard, qui trouvaient, ces dernières années, une
vente difficile en France, étaient commentés et dis-
cutés dans toute l'Europe, son dernier livre, *la Guerre
éventuelle*, trouva de l'écho en Angleterre et en Rou-
manie, et rencontra en Allemagne un silence absolu.
La Guerre éventuelle réfutait des propositions jugées
fâcheuses ; ce n'est pas le dernier mot de l'auteur.

Avant de quitter l'armée, le colonel Grouard signait
ses ouvrages : *A, G., ancien élève de l'école polytechnique*. On a dit que le colonel Grouard était la
victime d'un homme politique, pour avoir prouvé
qu'en 1870, l'armée de la Loire a été la première victime de cet important personnage.

Le général Berthaut, ancien ministre de la Guerre,
envoyant son livre au colonel Grouard, en 1881, lui
faisait dire : « Je serais très désireux de connaître
votre appréciation, d'autant plus que vous êtes, à mon

avis, un des rares officiers qui comprennent la stratégie. » Le duc d'Aumale, l'année suivante, lui écrivait : « Vous touchez aux questions les plus hautes, aux problèmes les plus délicats de l'art de la guerre. Vous les jugez sainement, en vous appuyant sur les exemples les plus frappants, et vous exposez vos idées avec logique et clarté. » Le général Chanzy estimait que le but des écrits du colonel Grouard était « essentiellement utile », et le général de Miribel concluait : « Je suis sûr d'en tirer le plus grand profit. » Nous doutons que le commandant en chef des armées françaises pense d'une autre manière que ces grands militaires, sur l'œuvre du colonel Grouard.

C'est un devoir pour nous, de dire, du fond de notre province, à nos confrères de Paris et de toute la France, qu'il faut réparer l'oubli, signaler les travaux du colonel Grouard et exposer le caractère indispensable et vrai de ses conclusions. C'est être utile au pays de montrer, dans quelle mesure élevée, le colonel Grouard est, avec modestie et patience, un défenseur de l'art de la guerre et un très grand serviteur de la France.

II

A un vétéran de 1870, sur le front.

Une obligation, grave et précieuse à la fois, nous amène à donner une suite aux lignes par lesquelles nous faisions appel au patriotisme raisonné de la presse française pour que soient connus, étudiés et suivis les labeurs du colonel Grouard[1].

Le colonel Grouard a soixante-douze ans révolus. Bien qu'il s'en défende, son esprit semble atteindre toujours davantage les altitudes où la pensée ne respire qu'une atmosphère pure et vigoureuse. Dans le silence qui accompagna ses travaux depuis trente-cinq années, celui qui dialoguait jadis à Chantilly avec le duc d'Aumale sur les questions les plus complexes de l'art de la guerre a trouvé, il faut le dire, hélas ! le seul confident possible. Si on n'a pas lu les œuvres du colonel, si on ignore la conspiration du silence dont ces œuvres furent l'objet, on ne saurait estimer à sa juste valeur l'intérêt qui s'attache à l'effort d'un homme qui a su distinguer dans la guerre,

---

[1] Ces lignes et toutes celles qui suivent ont été publiées dans les *Tablettes des Deux Charentes*.

la règle, humaine par-dessus toutes les règles : *com-prendre, apprendre, appliquer*. Du fond de sa retraite, retraite qu'il a voulue encore plus obscure que ne le cherchaient ceux qui jalousaient son savoir et son caractère, le colonel Grouard a adressé aux *Tablettes* une lettre sur la bataille de la Marne, brève et subs-tantielle, dont la lecture était profitable et sugges-tive. Quelques jours plus tard, venait une seconde lettre, sur le principe de Jomini, qui aurait mérité, dans un pays où la presse comprend sa tâche, la pre-mière place. Une évocation historique d'une pareille envergure, une vue si nette des conditions actuelles de la lutte, une constante subordination aux prin-cipes supérieurs de l'art militaire, telles étaient les caractéristiques des documents que le colonel a fait l'honneur de confier aux rédacteurs d'un ancien jour-nal militaire de province.

Certes, nous le savons, ces lignes, comme celles qui les ont précédées, ont attiré l'attention de hautes personnalités militaires. Les échos de cette attention sont parvenus jusqu'à nous ; mais nous devons avouer que notre impression se résume tout entière dans cette affirmation : on ne connaît pas l'œuvre du colo-nel Grouard. Comment cela se fait-il? C'est une question que se posera tout Français, car il est bien évident que si les principes font défaut chez un peuple dans l'ordre politique et social, l'ordre militaire n'est pas sans connaître certaines fissures.

Pourtant, nous n'avons pas crainte de l'affirmer

ici, lorsque nous avons publié notre appel, il était de
notoriété publique que personne, en haut lieu,
n'ignorait que la pensée actuelle du colonel Grouard
était un concours dont l'utilité, également très
actuelle, était indiscutable. Voilà pourquoi nous nous
persuadons que ce grand solitaire, justement quand
la période des applications est ouverte, éprouve davantage le ressentiment de ceux qui ne voulaient pas
admettre que son cerveau abritait des idées maîtresses. Si vous lisez *la Critique stratégique de la
guerre franco-allemande* ou *les Maximes de guerre
de Napoléon*, vous verrez que le colonel Grouard n'a
rien inventé, mais vous comprenez tout ce que l'auteur a senti, au lendemain des désastres de 1870. Les
Français rendaient responsables de leurs échecs les
principes que nos officiers apprenaient avant la guerre
qui nous mena au traité de Francfort. Sans se lasser
jamais, le colonel fouilla donc l'histoire des guerres
pour en tirer des conclusions dont les professionnels
de la pédagogie militaire, comme engagés dans le
parallélisme, ne s'étaient pas doutés.

La mémoire du général de Miribel, chef d'état-
major général de l'armée française, nous paraît plus
chère, à cette heure où nous sommes réduits à user
d'une pauvre plume pour rappeler que le colonel
Grouard vit encore. Le grand mérite du général de
Miribel a été de discerner, au loin du feu « où l'on
se chauffe », les talents d'un modeste capitaine d'artillerie. Combien il eût apprécié, s'il eût vécu, la

comparaison déjà citée, par laquelle le colonel Grouard faisait ressortir l'errement initial des études militaires, la comparaison du professeur de géométrie qui rejette les principes de la géométrie parce qu'il a des élèves qui les appliquent de travers.

Il ne s'agit pas du tout de faire d'un journal une chaire d'enseignement militaire, encore moins de paraître fournir à tel ou tel, une occasion de se donner l'air d'avoir des connaissances techniques. Imprudent celui qui s'aviserait de faire dévier quoi que ce soit du domaine des causalités générales dans le domaine des causalités particulières. Un pays qui se respecte, qui veut vivre, qui voit et qui sent qu'on ne sort pas d'une passe sérieuse avec des morceaux de littérature ou avec des unions momentanées, doit avoir cette vigueur de la distinction entre le nécessaire et le suffisant. Le devoir est de faire remarquer que si le colonel Grouard a vu aussi loin qu'un regard humain peut aller dans les choses de la guerre, ce regard continue de voir. Et si ce regard a été si loin, c'est que, outre un don particulier, qui n'est pas le patrimoine de tout le monde, une méthode de travail complète, basée sur le respect de l'expérience historique, l'a conduit du premier coup aux rivages d'où l'horizon est dominé.

Nous en demandons pardon aux années, déjà nombreuses, qui marquent la carrière du colonel Grouard, cet éloge supplicatoire, qui peut offenser leur modeste cours, est une manière de servir le pays. Le général Joffre et ses compagnons d'armes souscriront au vœu qu'un ancien chef de l'armée française formulait récemment en faveur des connaissances sur les hautes parties de la guerre dont le colonel Grouard est l'impeccable possesseur. Entre Français soucieux de ne rien délaisser des ressources de la Patrie, il doit être possible de penser tout particulièrement à ce vieux soldat qui a vu que la guerre était un art, qui a défini les règles de cet art, qui a défendu et propagé cet art avec une fermeté de la plus haute essence.

Il n'y a pas que la guerre, d'ailleurs, qui vérifie la maxime répétée par le colonel Grouard, la maxime dont Turenne et Napoléon ont connu le prix : *Si les moyens changent, les principes restent.*

III

> Quand ont paru, il y a quelque
> dix-huit ans, les premières études qui
> entrent dans la composition de ce
> volume, on pouvait dire que la stra-
> tégie était complètement délaissée en
> France (préface des *Maximes de
> guerre de Napoléon I*er).

Nous ne pouvons nous borner à exprimer seulement des sentiments de déférence, de vénération et
d'admiration à l'égard de l'auteur de *la Stratégie
napoléonienne*. Il faut faire plus qu'indiquer brièvement pourquoi le cerveau puissant du colonel
Grouard continuait de voir très clair dans ce que le
langage moderne appelle l'échiquier militaire. Il peut
paraître, à certains esprits, très fastidieux de répéter
chaque jour la même chose. Cette catégorie est très
nombreuse en France, celle des gens qui prennent
l'habitude des événements par lesquels ils étaient
effarouchés au début, quitte à se mettre au diapason
et à se faire une philosophie commode des conjonctures actuelles.

La pensée du colonel Grouard n'est pas une ressource ordinaire pour une nation qui pouvait ne pas

avoir l'ennemi installé chez elle depuis huit mois et qui, l'ayant ainsi sur un front de plusieurs centaines de kilomètres, doit évidemment se soucier de mettre un terme à l'invasion. La chose n'étant point aisée, il est, dans l'ordre, de faire remarquer que le colonel Grouard a écrit un certain nombre de livres où se trouve consigné l'essentiel. Le colonel conçoit trop bien la guerre pour ne pas faire la part du présent, et c'est à cette conception qu'il doit de dire toujours pareil avec une souplesse qui ajoute à la fixité des principes directeurs.

Il y a en France une foule d'écrivains militaires et civils s'occupant d'études militaires. Les uns et les autres sont beaucoup plus connus que le colonel Grouard, quoique ni les premiers ni les seconds n'aient fait montre d'une telle ampleur dans les vues. Actuellement, en dehors d'eux, il y a la Presse. La médiocrité des appréciations portées dans les journaux français sur les opérations militaires est faite pour causer une profonde amertume. Cela tient à ce que militaires et civils ne possèdent pas les éléments fondamentaux dont la lumière est indispensable pour une saine appréciation des faits de la guerre. Et qui voulez-vous voir redresser ces banalités, ces petites excursions, qui se gardent de conduire le lecteur au sommet qui dépasse le champ visuel? C'est beaucoup plus facile à expliquer que vous ne l'imaginez. Les principes ne guidaient plus rien chez nous, où l'individu a pris l'habitude de voir toute chose sous un angle dont l'étendue est assez réduite pour être à la portée du regard de cet individu. Or, vous avez, avec le colonel Grouard, un homme qui vous répète pendant trente-cinq ans que les expériences faites par les grands capitaines constituent le premier fondement de l'art de la guerre. Vous ne comprenez pas cet homme parce que vous n'avez pas appris l'histoire. Si vous l'avez apprise, c'est comme individu, c'est-à-dire toujours sous ce fameux angle individuel, et par suite vous n'avez pas appris comme il faut cette histoire. En fin de compte, vous ne l'avez pas comprise.

Vous direz que c'est là un langage bien aride à propos de la guerre et d'un critique militaire. Détrompez-vous ! Si ce langage vous paraît tel, c'est que vous *subissez* la guerre, et la subir, c'est se disposer royalement à être vaincu. Donc, si le colonel Grouard, dont l'œuvre critique est représentée, matériellement, par quelques ouvrages, n'est pas connu c'est que l'obscurité dans laquelle on le laisse correspond à un état d'esprit. Voilà pourquoi il faut dire que l'on ne sait pas l'histoire en France, et que si on la sait, c'est d'une manière secondaire, comme pour avoir un vernis. Nous nous en apercevons assez dans l'ordre politique, religieux ou social pour ressentir très profondément que cette constatation s'applique au point de vue militaire.

Il est d'ailleurs facile de conclure de cela que la conception que nous nous faisions de la guerre, tous tant que nous sommes, nous rendait plus semblables

à des chercheurs de chimères ou à des aveugles qui,
n'ayant plus que les oreilles, s'empressent de les
obstruer avec les mains pour ne pas entendre ce qu'ils
ne peuvent voir. Tout cela paraîtra bien philoso-
phique. Pourtant, comme nous ne sommes pas à un
moment où il convient de badiner, un langage sévère
et serré paraît indispensable. En sorte qu'il n'y a
rien d'étonnant, si l'on réfléchit, à ce que, d'une
part, l'œuvre du colonel Grouard qui restera un
monument impérissable du savoir humain soit inconnue de ses compatriotes, et d'autre part à ce que
l'auteur ait dû quitter l'armée comme un lieutenant-
colonel ordinaire, jugé inapte à atteindre plus haut.

Vraiment, on demeure frappé de stupeur quand on
a étudié l'œuvre du colonel Grouard, où il y a un
tout, des questions qu'on s'entend poser à son sujet.
Combien je me reproche — j'étais comme vous tous,
je ne pensais pas à la guerre — d'avoir gardé pour
moi l'intérêt puissant qui attache au colonel tous ceux
qui l'étudièrent dans le calme du cabinet! Combien
je me frappe la poitrine, et quelques autres avec moi,
d'avoir cru que ce travail était sur le chevet de tout
français, militaire ou non, qui avait assez de sens
pour penser que le traité de Francfort est une affaire
qu'on ne laisse pas en place, une affaire qu'on solu-
tionne par une armée, préparée et volontaire à la
guerre! Si vous vous adressez à des journaux puissants, à des esprits supérieurs, à des gens haut et bien
placés, pour parler de l'œuvre du colonel Grouard,

de l'auteur surtout, un silence absolu vous accueille, un silence qui paraît plus profond encore que celui par lequel l'état-major des armées allemandes ordonna de recevoir *la Guerre éventuelle*, en 1913.

Nous n'avons pas fini, sans doute, de vérifier l'enseignement du colonel Grouard. Nous espérons cependant n'avoir plus besoin de crier à tout le monde ce qu'il a fait, ce qu'il a écrit, ce qu'il a conclu. En somme, il s'agit d'une question qui dépasse toutes les autres, car elle n'est pas sans relations étroites avec la question de la victoire. Cette victoire, il faut l'obtenir, et comme elle est indispensable, essentielle, je ne vois pas pourquoi un homme qui a si bien décrit la manière suivant laquelle on a le plus de moyens de l'obtenir, demeure un ilote pour les militaires. Sans doute le colonel Grouard n'est pas général, mais il a un cerveau qui vaut toutes les dignités humaines ; le témoignage que nous avons pu recueillir par écrit d'un chef d'armée qui a joué un très grand rôle à la bataille de la Marne nous est garant que notre affirmation n'a rien d'excessif.

Notre tâche, à propos du colonel Grouard, est loin d'être achevée. Elle ne fait que commencer. Il ne faudra pas qu'on puisse écrire un jour, parmi nos descendants, que pas un Français de 1915 ne se doutait du prix que vaut pour une nation une intelligence qui a étudié et grandi la guerre. On a dit du colonel suisse Jomini qu'il avait pour ainsi dire surpris les secrets de Napoléon ; on affirmera un jour que le colonel Grouard a su lire dans l'histoire militaire avec une pénétration difficile à égaler.

Au reste, ce que je vous en dis est un dixième de millimètre à côté de l'œuvre elle-même.

IV

J'ai pris un immense intérêt à vos
études, dans lesquelles vous apportez
un sens si droit et d'où vous faites
découler les vrais principes aussi clairs
qu'eau de roche.

(Le général Lallemand au commandant Grouard, 1887.)

Dans l'avant-propos par lequel débute la modeste
brochure consacrée à la stratégie, sous le nom de
« A. G., ancien élève de l'école Polytechnique » le
colonel Grouard écrit :

« Malgré les modifications de toute nature apportées depuis vingt ans dans l'organisation des armées
et dans leur armement, leur conduite dépend toujours
essentiellement des mêmes principes. En dehors des
moyens matériels de la guerre, de l'instruction des
troupes et de l'art de les conduire sur le champ de
bataille, il existe toujours une branche spéciale de
l'art militaire qui a pour but de diriger et de combiner
les mouvements des armées en dehors du champ de
bataille ; l'accroissement des effectifs, le perfectionne-
ment des armes n'ont en rien amoindri son importance. »

Ces lignes ont déjà vingt années. Il semble qu'elles soient aussi vieilles que le monde, c'est-à-dire contemporaines des premiers pas que la Providence a permis à la sagesse humaine de faire ici-bas, puisque la sagesse humaine a pour champs d'expériences la paix et la guerre.

Si on lit et relit ces lignes plusieurs fois, on se trouve sous l'empire d'un dogmatisme imposant. Il y a donc un art de la guerre, art complexe et presque inaccessible, art qui connaît de rares artisans et de rares interprètes. Cette citation pose très simplement la question de l'unité de la guerre.

Lorsque nous avons décidé de rappeler l'existence du colonel Grouard, c'est avec un sentiment de crainte salutaire, de crainte disciplinée par les règles d'un sujet difficile, que nous nous sommes vu pénétrer dans un domaine privilégié. Cependant cette crainte de nous mêler de ce qui ne nous regardait pas ne pouvait diminuer l'orgueil profond qui nous accompagnait plus intense au cours des lectures par lesquelles un Français apprenait à connaître l'œuvre d'un Français. Dépouillé de tous les atours d'une littérature inutile, le style du colonel Grouard nous faisait esclave absolu de la pensée dont il était le gardien. Nous disons que nous connaissions l'orgueil. Oui, l'orgueil de savoir que la France possédait une intelligence de la guerre. Tout officier peut écrire sur la guerre ; nul pourtant ne le fera avec cette noble vigueur, d'allure romaine, nul ne saura comme le colonel Grouard, parler d'un sujet, déjà commenté en abondance, avec cette nouveauté « successive » des raisonnements fondés sur des bases anciennes.

Le colonel Grouard, de bonne heure, s'était formé une idée très nette de la stratégie. Des études historiques nombreuses, un souci religieux de la logique et un mépris superbe pour la rhétorique, l'amenèrent à concevoir dans la guerre des règles qui pardonnent rarement à ceux qui s'en montrent dédaigneux. Il est impossible de laisser un ouvrage du colonel Grouard sans ressentir une passion de la vérité de la guerre, car une telle œuvre autorise l'alliance des plus radieuses et des plus élevées des expressions humaines avec le mot : guerre. Cette passion entretient une vision foncièrement éducatrice de l'esprit et du cœur. La guerre est un art ! On ne fait pas la guerre comme on veut ! Au reste, traduisez vos impressions comme vous l'entendrez, vous reviendrez toujours à cette maxime : La guerre est un art.

Lorsque le colonel, après des recherches et des méditations nombreuses, traça sur trois cents pages de papier ses commentaires sur trois maximes de guerre de Napoléon Ier, on peut dire que son esprit avait dispensé tout un trésor de réflexions concentrées et robustes. Comme toutes ses autres études, c'est bref, sans artifices ; il y a là dedans un lien dont vous êtes très vite le bienveillant prisonnier. Pour condenser ainsi une matière si abondante, on imagine la puissance du travail préparatoire qui a permis d'ex-

traire des vérités impérieuses, triées, sculptées par
des labeurs dont plusieurs années ont connu la dis-
crète fidélité. Le colonel Grouard consacrait un peu
plus de douze mois à la rédaction de chacun des
trois chapitres de ce livre fondamental qui honore,
en face des armées du monde, la pensée militaire de
notre Pays.

Aussi nous avons vu notre conviction grandir,
notre conviction que cette pensée, d'une supériorité
insigne, ne pouvait jouir d'une renommée immédiate.

Je ne crois pas m'éloigner de la réalité en expli-
quant ainsi la raison assez naturelle d'un silence qui
insultait, d'autre part, le sens le plus élémentaire de
la justice. Non, il n'est pas nécessaire de gémir sur
l'absence de la renommée autour du colonel Grouard,
non plus que sur l'isolement de la vérité de la
guerre. C'était trop supérieur. Ces précieux travaux
distançaient toutes les facultés des contemporains ;
ils allaient loin, très loin, en avant de nous tous.
Ceux qui parvenaient avec peine, malgré de grands
efforts, à distinguer les contours de cette pensée,
étaient étonnés de se voir conduire par des routes
dont ils avaient entendu parler, par des routes qui les
ramenaient là où ils ne pouvaient aller par leurs
propres moyens.

C'est un dithyrambe, direz-vous ! Dithyrambe
bien médiocre. Quel mot employer, à cette heure où
l'ennemi foule le sol national pour la cinquième fois
après tant de secousses et de bouleversements, pour

dire ce que l'âme éprouve à s'enchaîner à la lumière
qui rayonne autour de travaux qui ont su rappeler
la valeur des principes de la guerre ? Quel mot, autre
que celui de la louange sans fin. Il convient de rappeler au sujet du colonel Grouard que son travail
est peu familier aux éloges. Ici bas, on loue si souvent de travers. Là c'est une pierre précieuse et nue ;
après l'avoir vue, on l'examine en détail et on ne
peut plus en séparer sa pensée.

Le regretté général Donop, qui consigna, en des
pages si simples, des notes pleines de fond prises au
cours d'un voyage d'études militaires accompli avec
Mgr le duc d'Orléans en 1906, dans la vallée du
Danube, pour revivre l'année qui connut Eckmühl
avant Wagram, écrivait au colonel Grouard qu'il ne
voulait pas lui faire de compliments, supposant qu'il
était accablé par des compliments plus qualifiés ! Ce
fait, amis qui me lisez, éclaire toute la question. Si
le général Donop vivait encore, il eût certainement
compris que sa généreuse admiration se trompait,
puisqu'il faut écrire ce que nous écrivons. Il ne doit
pas en être ainsi dans une nation qui voit dans la
guerre une action grandiose, une haute épreuve.
Dans le cas où nous aurions oublié ce caractère de
la guerre, il importe de renouer cette connaissance et
le colonel Grouard est un témoin désigné.

N'étions-nous pas sur le point de croire que la
guerre ravale une nation ? L'intérêt supérieur de la
Patrie fait sursauter de dégoût l'âme qui entend gémir

des gens qui n'ont jamais voulu y penser quand il le fallait. Il est donc naturel que nous parlions d'un militaire français qui nous aide à comprendre que la guerre se conçoit d'abord, s'exécute ensuite ; la netteté de sa pensée sur ces deux points contribuera sûrement à nous faire voir que nous pouvons, comme notre histoire nous le montre et nous le conseille, suivre les bons enseignements et nous souvenir de l'expérience.

V

Au fond l'art de la guerre n'a qu'un
but : la victoire. Or, le gain des batailles ne dépend que de deux choses :
les moyens dont on dispose et la manière de s'en servir.

Stratégie, p. 23.

Nous disions précédemment que la louange et le
colonel Grouard ne faisaient pas compagnie. Seules,
quelques hautes, très hautes intelligences militaires,
ont fait ce que le général Donop pensait être fait par
une foule : elles ont salué très bas l'auteur d'une
pensée inflexible et solide. Ce n'est pas le côté le
moins saisissant de la tâche, bien audacieuse peut-
être, que nous avons entreprise, que celui par lequel
nous nous voyons parler d'un écrivain militaire, au
cours même de la guerre. L'esprit, à chaque instant
rappelé vers les réalités qui, depuis Charleroi, Guise,
Morhange, Sarrebourg, la Marne, les Flandres,
Arras, Soissons, Reims et Saint-Mihiel, dominent
ses méditations, il nous faut entreprendre un apos-
tolat d'un nouveau genre pour propager des idées,
des vérités et des conclusions en relations directes
avec ces réalités.

Le colonel Grouard ne pouvait certes pas prévoir
que la guerre ferait parler de lui de cette manière.
Il croit même avec sa modestie habituelle, que ses
travaux ne présentent plus, pour la masse des militaires, autre chose qu'un intérêt rétrospectif. Combien, au contraire, la discipline de son raisonnement
et le cours de ses réflexions, les plus anciennes
comme les plus récentes, acquièrent de valeur vivante,
au moment où nous sommes! C'est le propre des
œuvres, où règnent l'unité, l'ordre, la clarté, de
paraître s'appliquer à toutes les heures de l'action,
terme de toutes les vraies pensées de l'homme.

Est-il rétrospectif, au mois d'avril 1915, de rechercher toutes les affirmations du colonel Grouard,
d'apprendre par cœur son opuscule sur la *Stratégie*?
Est-il rétrospectif de se plonger dans la lecture des
Maximes de guerre de Napoléon Ier? Quelle lecture
inestimable, celle qui apprenait aux officiers français
des dernières années du xixe siècle que Napoléon avait
des principes de guerre ! Ses trois maximes principales sont : « l'art de la guerre indique qu'il faut
tourner ou déborder une aile sans séparer l'armée ;
c'est un principe qui n'admet pas d'exception, que
toute jonction de corps d'armée doit s'opérer en
arrière et loin de l'ennemi ; une armée ne doit avoir
qu'une ligne d'opérations. » Chacune de ces maximes
est présentée avec un commentaire tiré de l'étude
des grandes actions militaires, depuis Turenne jusqu'à la guerre de 1870. Les campagnes abondantes

de la guerre de Sept ans et de Napoléon offrent à ces commentaires des sources innombrables. La guerre de 1870 vient la dernière, avec des réflexions circonstanciées, auxquelles président les maximes de Napoléon.

L'étude de ces commentaires peut avoir une influence énorme sur les idées qu'un chef d'armée doit posséder pour combiner de grandes opérations militaires. Quant aux profanes, ils trouveront dans ces pages de quoi justifier le respect des liens historiques, ce qui est un véritable service rendu à l'esprit public. Nous ne nous faisons pas d'illusion en attirant l'attention sur un pareil ouvrage, car nous savons que les gens qui sont volontairement aveuglés ne voient rien ; nous savons aussi, par l'expérience d'un siècle entier, combien difficile est la tâche d'un cerveau directeur : il aura beau répéter toujours la même chose, avec toutes les variations historiques qu'autorise un grand savoir, ce cerveau directeur verra l'attention se détourner de ses dires, après un premier mouvement de curiosité.

Lorsque vous laissez les livres fondamentaux pour choisir dans le labeur du colonel Grouard quelque chose qui semble plus nouveau, c'est-à-dire plus en rapport avec les événements, vous constatez que le plus nouveau est tout simplement une application de ces principes ; aussi, dès que ces principes sont repérés vous reconnaissez une habitude, une imitation, une liaison, et vous allez ailleurs. Ce mode

d'instruction est celui auquel nous prédispose le plus
notre caractère national. Cela est tellement vrai que
Napoléon n'a jamais été plus suivi que par les chefs
d'armée étrangers ; ceux-ci ne se fatiguaient pas de
revenir sans cesse à ce que, une bonne fois, ils avaient
reconnu supérieur. Cette réflexion est celle que nous
avons faite, lorsque nous prenions *la Guerre éventuelle* ou les articles de 1913, dans la *République
Française*, sur l'offensive allemande par la Belgique ;
nous éprouvions alors une impression peu indul-
gente, nous éprouvions aussi un regret de songer que
la plupart des lecteurs de ces lignes saisissantes ignorent que ces lignes suivent d'autres lignes, que ce
sont ces autres lignes qui ont permis aux dernières
de voir le jour. Pour que la *Guerre éventuelle* soit
bien comprise, — Dieu sait si elle aurait pu rendre
d'immenses services à la France — il faut connaître
l'alphabet avec lequel ce livre est écrit. Cet alphabet
n'est pas compliqué, la lumière est partout ; les
causes et les conséquences, tout y possède une ordon-
nance difficile à égaler. Seulement, c'est souvent la
même chose, et cela ne fait pas l'affaire de beaucoup
de gens qui entendent la vie sans se soucier que,
quoi qu'ils fassent, c'est toujours le soleil qui donne
le jour pendant lequel se consument les caprices de
leur pensée.

Voilà donc pourquoi les derniers labeurs du
colonel Grouard ont une grande valeur ; ils succèdent. Les *Maximes de guerre de Napoléon* en cons-

tituent l'œuvre maîtresse. N'allez pas croire que le colonel Grouard vous présente les opérations à l'aide d'un périscope d'un modèle fixe, c'est-à-dire avec la prétention de donner à l'histoire militaire un mode uniforme ; le fait est d'abord exposé d'après les dernières données de l'information historique, soigneusement contrôlées. Puis, le commentaire suit, toujours bref. Si, exceptionnellement, le commentaire prend de l'ampleur, c'est que l'auteur se trouve en présence d'un fait particulier, d'une divergence, comme à propos de certaines batailles de Frédéric II. C'est précisément dans ce cas que se distingue la puissance d'analyse du colonel Grouard, car s'il ressort des faits qu'un grand capitaine a commis une faute sans l'expier, l'auteur vous remet dans le droit chemin dont, surpris, vous vous êtes éloigné, en vous faisant toucher du doigt qu'à cette faute non expiée, il faut opposer des fautes encore plus grandes. Vous êtes donc bien fixé sur la question en discussion, et vous vous pénétrez de l'axiome que l'exception confirme la règle. Je dis que ce genre d'analyse rend service à l'esprit du lecteur, lequel doit évidemment travailler, approfondir, mais obtient un résultat. Ils sont rares, les livres qui donnent un semblable bénéfice.

Les Maximes de guerre de Napoléon se terminent par des conclusions générales dignes de retenir l'attention, et de fixer la mémoire. Le chapitre final permet de se faire une idée des applications permanentes qui doivent en être faites. Dans de semblables conditions, l'inspiration a un cadre et vous savez où vous allez. On ne peut inventer ce que de grands capitaines ont fait, vérité un peu trop négligée en France, et on ne risque pas de tomber dans les interprétations fantaisistes qui aboutissent à l'émission de conclusions auxquelles le langage contemporain accorde, on ne sait pourquoi, un caractère d'originalité.

Lorsque ce livre a été étudié avec soin, il prend figure de bréviaire, de compagnon de lecture, et il vous garde de certaines déviations malheureuses. Il montre ce qui constitue l'art de la guerre et ne laisse subsister aucune porte de sortie à une opinion superficielle. Ou vous avez compris la guerre, ou vous en ignorez le premier mot. De cette manière vous pouvez dire que cette œuvre est unique ; personne ne peut ajouter quelque chose aux commentaires du colonel Grouard sur les maximes de Napoléon ; ce caractère de son principal ouvrage est commun à tous ceux qui l'ont suivi. Il n'y a pas un mot qui manque et pas un de trop.

VI

En matière d'opérations militaires,
il n'y a pas de formule qui conduise
forcément au succès, car on est toujours à deux de jeu et l'adversaire
peut lui-même répondre à des manœuvres judicieuses par une riposte
appropriée.

Il ne faut pas que le lecteur se méprenne le moins
du monde sur nos intentions. Les lignes que nous
consacrons à l'œuvre et à la personne du colonel
Grouard ont un but bien visible : mettre en relief
les travaux d'une intelligence de premier ordre, et
par suite, signaler à nos compatriotes, militaires ou
non, le prix de ses conclusions. Ceci dit, nous ajouterons que l'analyse des ouvrages du colonel Grouard
fait ressortir la grande énergie morale qu'a déployée
l'auteur pour mettre en lumière et défendre ce qu'il
a extrait d'études consciencieuses des campagnes les
plus célèbres : les directions indispensables à une conception saine et heureuse de grandes opérations militaires. Dès lors, notre tâche apparaîtra sous le jour
qui convient, celui d'un hommage public. Nous
aurions préféré ne pas nous trouver dans la nécessité

de l'expliquer ; mais les circonstances nous ont amené
à craindre que la France se préparât à commettre
vis-à-vis de la pensée du colonel Grouard un déni de
justice de la pire espèce.

On pourrait, à première vue, supposer que l'auteur
des *Maximes de guerre de Napoléon I*^{er} n'a vu la
guerre qu'au travers de Napoléon. Il n'est pas niable
que le colonel Grouard a trouvé, dans la période militaire si fructueuse qui s'attache au nom de l'empereur,
une matière complète de nature à justifier la curiosité
et l'effort de son travail ; mais il est également certain, nous ne craignons pas de le dire ici, car c'est
là qu'il faut voir la marque propre au labeur dont
nous parlons, que le colonel n'a pas trouvé le chemin qu'il indique, seulement dans Napoléon. C'est
en effet ce qui frappe le plus dans ses ouvrages : le
savoir historique militaire, de telle sorte qu'un écrivain qui nous a parlé de Turenne ou de la guerre de
Sept ans, comme l'a fait le colonel Grouard, aurait,
même en l'absence de Napoléon, entrevu les réflexions
que lui a suggérées plus particulièrement l'étude des
campagnes de la Révolution et de l'Empire. Que pour
le détail de la critique, le colonel ait trouvé une moisson
abondante dans l'observation des guerres de cette
époque, nous ne songeons même pas à le contester !
Que, après une méditation patiente, le colonel se soit
particulièrement appesanti sur les conceptions que
Napoléon s'était forgées sur la guerre, cela est évident et facile à expliquer ! Cependant, nous pouvons

remarquer que le colonel Grouard n'est jamais, comme tant d'historiens, techniques ou profanes, l'esclave des événements qu'il se propose de discuter. Il domine ces événements ; il les voit comme il a vu tous ceux qui les ont précédés et tous ceux qui les ont suivis.

Nous avons la preuve que les principes qui font la base de la *stratégie napoléonienne* sont les principes de la stratégie. Par conséquent, si l'adjectif napoléonien traduit un fait, il faut ajouter que c'est la « stratégie » qui a été sentie par le colonel Grouard. Il a vu la guerre d'après tous les grands capitaines, et c'est parce que Napoléon est le premier de ces grands capitaines, que le colonel s'est arrêté plus longtemps sur ses campagnes. Il est utile de se faire une idée exacte à ce sujet, car si Napoléon est une démonstration éloquente, ce n'est qu'*une* démonstration, et le colonel Grouard a approfondi dans Napoléon ce qu'il avait déjà pu entrevoir avant d'avoir étudié les idées de Napoléon sur la guerre. Nous pensons que c'est là le vrai point de vue qui permet de juger la portée générale de l'œuvre du colonel Grouard.

Les écrivains militaires, qui ont tiré des guerres du premier Empire des études de détail de très grande valeur, forment un cortège important et varié. Il ne s'agit là pourtant, que d'études spéciales dont on peut profiter pour connaître la science des batailles ; tous ces écrits, qui ont connu très vite une grande vogue, n'ont pas cette facture propre aux développements d'une pensée supérieure, qui plane sur le sujet avec lequel elle est en contact. Cette supériorité, cette certitude ont une explication : le colonel Grouard est un stratégiste, il appartient à une catégorie très rare, dont un pays doit toujours, dans son intérêt, faire un cas exceptionnel.

Ces considérations générales ne sauraient être négligées. Nous en sommes du reste un interprète assez pitoyable et, pour racheter cette infériorité, nous demanderons à l'auteur lui-même les définitions indispensables. Dans sa conclusion de l'*Invasion* (1870), le colonel écrit :

« Il ne faut pas s'étonner de voir les mêmes considérations se reproduire périodiquement sur les questions militaires, car, à moins de se perdre dans des détails sans intérêt, au point de vue de la conduite des armées, on doit se dire que la matière est, en somme, fort limitée et, comme les idées justes sont toujours les mêmes, ceux qui cherchent à approfondir la valeur des principes sont toujours amenés, en définitive, à peu près aux mêmes conclusions, lorsqu'ils s'appuient sur les événements du passé et qu'ils les interprètent avec sagacité. Tous les quinze ou vingt ans, on éprouve le besoin de reproduire de vieilles idées, en leur donnant une forme plus ou moins nouvelle, en tournant toujours dans un même cercle d'un rayon peu étendu et, lorsqu'on veut en sortir, c'est pour aboutir à des théories d'apparence spécieuse et dont il faut toujours se méfier, parce que

le plus souvent elles procèdent de considérations établies *a priori*, où l'on ne tient aucun compte des
leçons du passé ni des préceptes des grands capitaines. C'est le pédantisme des écoles qui, comme dit
Jomini, est cent fois plus dangereux que l'ignorance.
Un homme doué d'un génie naturel, dit le célèbre critique, *peut faire de grandes choses ; mais le même
homme, bourré de fausses doctrines étudiées à l'école
et farci de systèmes pédantesques ne fera rien de bon,
à moins qu'il n'oublie ce qu'il avait appris.* »

On peut comprendre maintenant pourquoi le
colonel Grouard s'est attaché à étudier les conceptions
de Napoléon I⁰ʳ sur la manière de conduire une
guerre. C'est un exemple supérieur dont fait usage
un observateur puissant. Le colonel Grouard définis-
sait ainsi, en 1908, les qualités d'un chef d'armée :
« Il n'a besoin que d'être pénétré de quelques principes régulateurs, et c'est surtout les dons qu'il possède de la nature, tels que la sagacité, la fermeté de
caractère, qu'il tirera une vue judicieuse des solutions qui conviennent aux circonstances ». Aussi,
quand nous lisons ces lignes, nous nous laissons aller
à penser qu'un dialogue entre les généraux français
et le colonel Grouard ne manquerait pas de grandeur
ni d'utilité, à condition qu'ils se comprennent. Tout
ce qu'il a écrit mérite de demeurer gravé dans l'esprit d'un homme de guerre.

VII

Quand on n'est pas le plus fort, il
faut être le plus agile ; la force d'une
armée, dit Napoléon, est le produit de
sa masse par sa vitesse.

On entend dire partout par des gens qui ne
voyaient même plus la guerre dans le métier des
armes, mais une voie comme une autre pour faire
du chemin, que cette guerre déroute tout le monde
et qu'elle a pris une tournure imprévue. Nous ne
pouvons accueillir cette affirmation et toutes celles
qui lui sont apparentées, sans nous demander si la
terre se serait subitement arrêtée de tourner. De ce
que les Allemands ont imposé la guerre de tranchées
sur un front, pendant qu'ils manœuvrent sur l'autre,
on conclut que ce n'est pas du tout cela la guerre.
Il est bien certain que si cette lutte ne voit pas beaucoup de batailles, c'est que les Allemands n'ont plus
de raisons pour le moment d'en livrer et que, pour
nous, Français, nous éprouvons quelques dificultés
à l'engager. Ne venez pas dire que cette guerre est
anormale ; plus tard quand les données seront nombreuses, vous pourrez en parler. La lecture et l'étude

des œuvres du colonel Grouard permettront de voir
ce qui doit être jugé et de se faire une idée exacte
des conditions selon lesquelles des armées en présence peuvent, à tort ou à raison, adopter certaines
« attitudes » de campagne.

J'ai dit que le livre fondamental du colonel Grouard
était *les Maximes de Napoléon Ier* ; cet ouvrage forme
la première partie d'une trilogie consacrée à la *Stratégie napoléonienne*. Bien pénétré des principes de
ceux qui avaient pratiqué l'art de la guerre avant
lui, Napoléon a déterminé quels étaient, parmi ces
principes, ceux qui méritaient la première place. Le
colonel s'est surtout attelé à rechercher le compte que
Napoléon avait justement tenu de ces principes reconnus par lui indispensables ; avec profondeur et
jugement, l'auteur des *Maximes de guerre de
Napoléon Ier* s'est dit que la meilleure manière
d'apprécier le génie militaire du vainqueur d'Iéna
était de confronter la théorie et la pratique. C'est
pourquoi, sous sa plume, vous retrouvez fréquemment la devise de sagesse : *les principes de la guerre
ne sont pas absolus, le profit qu'ils promettent dépend
de l'application qui en est faite.*

Aussi était-il parfaitement logique, pour le colonel
Grouard, de suivre cette application dans toutes les
campagnes de Napoléon. Avec cette règle, l'auteur
des « Maximes » devait étudier plus particulièrement
certaines campagnes, et parmi elles, celles de 1813
et de 1815 ont donné la matière de deux ouvrages

qui constituent, au point de vue de la critique militaire, ce qui a été produit de plus fort depuis que le
Suisse Jomini[1] n'est plus de ce monde. *La critique
de la Campagne d'automne de 1813 et les lignes intérieures* se distinguent par les conclusions des écrits,
si abondants sur les événements militaires de l'époque.
Cette campagne de 1813 est la plus complexe et la
moins connue, au point de vue technique, de toutes
celles conduites par Napoléon. Le colonel Grouard a
rédigé sur la campagne d'Allemagne, après la défaite
en Russie et avant l'invasion de la France, un véritable traité de stratégie et d'histoire. L'auteur, d'ailleurs, a soin de montrer, dès le début de l'ouvrage,
combien cette campagne de 1813 mérite une étude
approfondie. Dans l'avant-propos, le colonel marque
un souci particulier des obstacles que présente à
l'esprit l'analyse des opérations militaires. Il écrit :

« Les armées de la coalition devaient opérer sans
se lier ensemble et en combinant leurs opérations à
distance ; Napoléon qui s'était assez bien rendu compte
de leurs projets, se proposait de profiter de leur division pour les battre successivement, comme jadis en
1796, il avait eu raison des armées de l'Autriche.
Cependant c'est en essayant de mettre en pratique
ce système d'opérations qu'il a échoué. »

---

[1] Le colonel baron de Jomini n'était pas un stratège de cabinet.
Aide-de-camp de Ney, il a plus d'une fois surpris les intentions de
Napoléon, lequel s'en est surtout aperçu, le jour où Jomini passa à
l'état-major du tsar.

« On se trouve en présence d'une sorte de contradiction qui est de voir le génie militaire le plus incon-
testé des temps modernes, essayer de réaliser une
conception sur laquelle il a bien réfléchi, qui est un
des caractères de sa stratégie, disposer pour l'exécuter des moyens inférieurs, il est vrai, à ceux de ses
adversaires, mais encore très grands, et cependant non
seulement échouer dans toutes ses tentatives, mais
aboutir à la ruine de son armée. On peut dire qu'en
rapprochant les éléments de la lutte de ses résultats,
on se trouve en présence d'un véritable paradoxe
scientifique. »

Nous ne pouvons prétendre ici donner un résumé
convenable de l'étude du colonel Grouard, dans laquelle il montre ce que permettaient de faire les lignes
intérieures et aussi ce à quoi elles exposaient Napoléon, qui se trouvait dans une des situations stratégiques les plus extraordinaires qu'ait enregistrée l'histoire militaire. Contentons-nous de répéter, pour la
centième fois, avec le colonel Grouard, que « l'étude
des nombreuses campagnes de tous les temps conduit
à penser que s'il y a quelques règles incontestables,
elles ne valent que par l'application que l'on en fait,
suivant les circonstances et que, d'ailleurs, ces règles
ne sont pas seulement relatives à la conception des
opérations, mais que les plus importantes sont peut-
être celles qui concernent leur exécution. C'est là,
surtout, la conclusion qu'il faut tirer de l'étude de la
campagne de 1813, comme de beaucoup d'autres ;

car s'il est vrai que les adversaires de Napoléon avaient
adopté un plan contraire, dans son ensemble, aux
principes généralement admis, on doit reconnaître
qu'ils en ont racheté les défectuosités par les excellentes dispositions qu'ils ont prises dans l'exécution,
tandis qu'au contraire Napoléon, qui avait arrêté un
plan des plus justes dans ses lignes générales n'a
cessé, devant le développement journalier des opérations, de commettre des fautes d'exécution et s'y est
laissé aller le plus souvent en violant des règles qu'il
n'avait jamais perdues de vue au temps de ses victoires. De sorte que l'on peut dire qu'à part la conception d'ensemble du plan de campagne, c'est lui et
non pas ses adversaires qui a violé les principes et
qu'après en avoir montré l'excellence dans ses premières campagnes, il a fait lui-même la contre-
preuve ; que sa défaite, loin d'affirmer la valeur des
règles qu'il avait si souvent suivies et recommandées,
en est la confirmation et que l'étude comparée de la
campagne de 1813 et des précédentes complète l'enseignement que l'on peut tirer de celle des guerres
antérieures.

Comme le colonel Grouard pense ce qu'il écrit,
avec une conviction raisonnée, il ne néglige pas l'observation suprême, celle dont il est nécessaire de se
souvenir, chaque fois que nous voulons juger les
actions humaines, même les plus grandioses. « On
nous trouvera peut-être bien hardi, ajoute-t-il, de
nous en prendre ainsi aux dispositions de ce grand

homme de guerre ; mais en étudiant ses campagnes, ce n'est cependant pas en exaltant son génie que l'on peut expliquer ses désastres, car c'est au contraire en raison des défaillances de ce génie même que ces désastres ont été obtenus. »

Ainsi, comme me l'écrit un des maîtres de la pensée française, une « intelligence de feu » brille à chaque pas qu'elle fait plus avant.

VIII

Nous dirons d'abord que l'imperfection est la règle générale de la nature humaine et qu'il n'y a pas de raison pour que Napoléon y ait échappé plus que les autres hommes. Les plus grands capitaines ont commis des fautes et, souvent, ils n'ont pas hésité à les reconnaître.

La critique de la campagne de 1813 demande au lecteur un réel effort. Il faut en feuilleter les cent soixante-dix pages, une par une, les yeux vissés sur une carte. On n'avait jamais, avant la publication de cette étude sur des opérations dont le théâtre nous est peu familier, écrit sur Napoléon homme de guerre les lignes suivantes : « Napoléon est donc le véritable auteur de l'insuccès de cette première partie de la campagne. La cause de cet insuccès ne réside pas dans le système de guerre qu'il avait adopté pour lutter contre ses ennemis, mais seulement dans les dispositions qu'il prit chaque jour pour réaliser ses projets. Malgré le résultat obtenu, nous pensons qu'en raison de la situation des armées en présence, à la reprise des hostilités et des plans de campagne arrêtés

dans leur ensemble de part et d'autre, toutes les
chances étaient du côté de Napoléon. Rien n'était plus
facile que d'éviter Grossbeeren et Kulm, et cela n'a
dépendu que de lui, et quant à la défaite de la Katzbach qui est imputable à Macdonald, elle eût eu peu
de conséquences si l'on eût évité les deux autres. La
faute de Napoléon a consisté à ne pas tenir compte
des conditions essentielles auxquelles on doit s'as-
treindre en pratiquant le système d'opérations par
lignes intérieures qu'il voulait suivre, et spécialement en attaquant simultanément les diverses armées
ennemies, tandis qu'il ne devait le faire que successivement. C'est pour avoir négligé ces conditions que Napoléon n'a pas tiré de sa situation tous
les avantages qu'elle promettait, et qu'il se trouvait
à la fin du mois d'août réellement affaibli vis-à-vis
de ses ennemis, tandis qu'en en tenant compte,
il aurait presque certainement trouvé le moyen de
décider en quinze jours le sort de la campagne en
sa faveur ».

C'est là, comme on le voit, une appréciation d'un
genre qu'il est rare de rencontrer chez ceux qui étudient les campagnes de Napoléon ; au contraire, on
trouve chez ceux-là des jugements construits sur des
fondements qui feraient tressaillir un Napoléon même
vaincu. Il y a autre chose : un enseignement d'une
portée générale qui ne peut passer inaperçu ; de plus,
un témoignage de la faiblesse dont un grand homme
peut être le jouet, parce que, enivré par le succès,

il croit permise la négligence des règles dont il a lui-même défini l'excellence. Ainsi, à propos de cette campagne, il y a une expérience à rappeler chaque jour : on ne peut être fort partout à la fois, mais, pour l'être quelque part, il faut user des propriétés stratégiques des régions où se déroule l'action et se dire, que, dans une situation difficile, il n'y a pas une faute à éviter. Enfin, il ne faut pas dédaigner son adversaire qui peut, à un moment donné, en savoir aussi long que soi.

Les lignes intérieures ! Voilà un mot qui vous étonne. « Les lignes intérieures (dit le colonel Grouard), sont les lignes de communication qui relient le plus directement les armées ou les corps d'armées qui agissent sur les différentes parties d'un théâtre d'opérations étendu ». Et si l'on veut un langage figuré, on peut encore dire avec le colonel, que l'armée, en possession des lignes intérieures, « en suit les lignes droites ou les cordes, tandis que l'ennemi n'en possède que les arcs ». Et de cette étude de la campagne de 1813, où les lignes intérieures jouèrent un rôle si prépondérant, le colonel a conclu aux conditions de leur emploi en quatre formules lapidaires. « En s'opposant aux diverses armées ennemies, il ne faut jamais attaquer sur plusieurs points à la fois. Il faut toujours attaquer quelque part... La direction de l'attaque une fois choisie, il faut y pousser l'offensive à fond... Lorsque, après plusieurs tentatives infructueuses, on voit le cercle ennemi se

resserrer, il est nécessaire de réunir toutes ses forces
pour sortir de ce cercle. »

Cela est plus clair que le jour. Pourtant, combien
de chefs d'armée se sont éloignés de cette clarté ! Les
grandes règles de l'activité humaine sont plus simples qu'on ne le croit chez le commun des mortels ;
mais on a délaissé ces règles ou bien on les a mal
apprises : on leur a substitué, dans tous les ordres
d'idées, des affirmations plus ou moins compliquées,
fruits d'une éducation individualiste. Cette éducation
qui a, malheureusement pour la France, un siècle
d'existence, a amené les esprits à n'aspirer que vers
une soi-disant nouveauté. Et c'est ainsi que, dans
l'art de la guerre comme dans celui de la politique,
on se couvrait solennellement avec les plis de l'évolu-
tion divinisée, sans se douter que la terre n'est pas
seule à tourner autour d'elle-même. Le colonel
Grouard n'est pas un docteur qui juge la guerre du
haut des nuées. S'il a pu critiquer Napoléon pour les
opérations de 1813, après l'avoir loué dans ses campagnes antérieures ; s'il a dû rectifier également le
jugement de ses contemporains sur 1815, après un
exposé magnifique et substantiel de la campagne de
1814, si universellement admirée et si peu comprise,
c'est parce qu'il avait, en dehors des principes, une
notion exacte de ce qu'il faut entendre par un théâtre
d'opérations et par une armée en campagne. Quoique
nous anticipions sur les ouvrages consacrés à la
guerre de 1870, nous trouvons dans l'opuscule, con-

sacré à l'armée de Châlons, une note qui atteste le
sens réaliste de l'auteur, justement sur cette notion
indispensable de l'armée en campagne. Il faut savoir
comment les rouages de la machine militaire doivent
être organisés, et quels sont ceux qui dominent et
ceux qui servent. De cette manière, on conçoit l'importance qu'il y a pour une armée à ce que les principes directeurs éclairent ceux qui ont la charge de
les appliquer, les autres devant aider à l'exécution.
Remarquez le lien qui unit cette constatation à l'étude
critique d'une opération militaire quelconque : 1813
démontre que Napoléon ne devait pas attendre d'un
tacticien consommé comme Ney, d'un intrépide et
noble soldat comme Macdonald une idée stratégique.
Comme dans beaucoup d'autres choses, il y a ce qui
dirige et ce qui suit; il y a une hiérarchie, et c'est
peut-être la chose la plus difficile à faire entrer dans
un esprit que de le persuader qu'il y a une hiérarchie dans la conception et dans l'exécution. Cette
petite digression n'était pas inutile pour la compréhen-
sion de la note dont nous parlons. En voici le texte.

« En étudiant les opérations de l'armée de Châlons, c'est du reste au point de vue de la stratégie
que nous avons voulu surtout nous mettre, c'est-à-dire
de cette partie de l'art de la guerre qui a pour objet
de déterminer les objectifs, ainsi que les directions
qu'il convient de suivre pour les atteindre, c'est
ensuite à la logistique et à la tactique de développer
et de réaliser les conceptions de la stratégie.

« On peut dire d'une autre manière, que la stratégie est la science des généraux en chef ou des « moteurs » ; la logistique, la science des officiers d'état-major ou des organes de transmissions ; la tactique, la science des officiers qui commandent directement les troupes et dirigent l'exécution, ou des machines-outils ; de ces trois parties de l'art de la guerre, la logistique seule est une science positive ; mais c'est aussi de beaucoup la plus facile ; les esprits les plus vulgaires y sont propres. »

On dit souvent d'une grande nation qu'il ne lui manque rien si ce n'est l'ordre. Je crois que c'est l'élément de la victoire le plus important. Une pensée ordonnée, une politique ordonnée, des instruments ordonnés, voilà ce qui est indispensable. Ce qui ne veut pas dire que la vie doit se voir à travers la géométrie, mais que, quelle que soit la puissance de conception ou d'exécution des hommes, comme ils ne sont pas infaillibles, il est préférable qu'ils ne se prétendent pas indépendants des règles fondamentales enseignées par l'histoire, pour éviter des retours d'autant plus terribles qu'on se croit davantage à l'abri.

IX

Il faut bien se rendre compte que
le résultat d'une bataille n'amène la
fin d'une grande guerre que lorsque
la partie se joue exclusivement entre
des armées de métier ; il en est tout
autrement lorsque les peuples s'en
mêlent. Il ne suffit même plus alors
d'habiles capitaines pour dompter une
grande nation qui veut conserver son
indépendance.

Henri Houssaye, après avoir écrit *1814*, publia
1815, ouvrage dans lequel Napoléon continue d'être
présenté comme une divinité. La débâcle de Waterloo
est imputable à Grouchy, dit la commune rumeur à
laquelle l'académicien est venu donner le renfort
d'une étude où les documents fourmillent sans
réussir cependant à masquer l'absence de sens critique de la guerre. Un concert bruyant accueillit les
pages d'Henri Houssaye ; la cause était jugée,
disait-on. C'est alors que l'auteur de la *Critique de
la campagne d'automne de 1813* répondit à l'auteur
de *1815* par une analyse des opérations qui précédè-
rent Waterloo, analyse qui constitue la troisième
partie de la stratégie napoléonienne ; *la Critique de
la campagne de 1815*. Henri Houssaye riposta ; il

s'attira un mot décisif du colonel Grouard : *légende !*

Les pages consacrées par le colonel à la dernière campagne de Napoléon subissent, comme les précédentes, la domination des principes. On s'y reconnaît parfaitement, parce que l'on distingue et parce que l'on sent vraiment que la guerre est une fois de plus présentée sous son véritable jour. Le colonel Grouard adopte le point de vue de Jomini, qui lui paraît le plus exact. Il s'en explique :

« Si l'on ne voulait, dit-il, envisager que les grandes lignes de cette campagne, on pourrait dire que personne n'a vu plus juste que Jomini, et l'on ne peut s'en étonner. Personne, en effet, n'a mieux saisi le système de guerre de Napoléon que Jomini ; il en a donné les preuves saisissantes dès le début de sa carrière. On sait notamment qu'en 1806, il avait frappé Napoléon par sa perspicacité. Chargé par l'empereur, à Mayence, d'une mission, avec ordre de revenir de suite au quartier général : « Alors, dit Jomini, j'irai vous rejoindre à Bamberg. » Surpris de voir son plan deviné : « Qui vous dit que je vais à Bamberg ? — La « carte de l'Allemagne et votre système de guerre », répliqua Jomini. » Dans de telles conditions, on conçoit comment le colonel Grouard a su trouver et formuler les conditions d'une campagne dont les débuts furent brillants et la fin désastreuse. Il estime que la cause principale du désastre de l'armée française réside dans les fautes commises par Napoléon, vis-à-vis desquelles celles de ses lieutenants sont secon-

daires ; que Napoléon était encore supérieur à ses
adversaires dans la conception des opérations, mais
qu'il n'avait plus dans l'exécution la sagacité d'esprit
ni l'activité physique qu'exigeaient les circonstances ;
que, par suite, après avoir établi dans le cabinet un
plan de campagne admirable, il a souvent pris, pendant la conduite des opérations, des dispositions
défectueuses. D'ailleurs, un mot résume la question :
il eût fallu que Napoléon fut infaillible, c'est-à-dire
autre chose qu'un homme.

La trilogie consacrée au grand capitaine se termine par deux critiques très serrées de ses campagnes
les plus discutées : il arrive que le lecteur conclut
lui-même, à propos de 1815, que Napoléon a surtout commis des fautes d'exécution, renouvelées de
la campagne de 1813. Les pages du colonel Grouard
sont rédigées avec le souci de ne rien laisser dans
l'ombre, et toujours la même continuité de vues.
Après les avoir méditées, vous apercevez, dans la
guerre, les guerres ; par des comparaisons justifiées,
vous parvenez à saisir la force des lois qui régissent
la guerre et la qualité des facteurs qui influent sur
sa tournure. Je ne crois pas qu'il y ait beaucoup de
passage comme celui où le colonel expose les observations qu'appelle la campagne de 1815. On y voit
d'abord que Napoléon avait déjà montré de grandes
défaillances en 1813, à propos de quoi le colonel
rappelle que Frédéric II, pendant la guerre de Sept
ans, s'était mieux tiré d'une situation plus difficile.

En effet, malgré son infériorité numérique, Napoléon « attaque en même temps dans toutes les directions, tandis qu'il n'aurait dû le faire que successivement. C'était aller au-devant de plusieurs défaites ». Ensuite, on s'aperçoit que Napoléon, après avoir attaqué partout, n'attaque plus nulle part, ce qui devait le conduire à Leipzig, car l'empereur aurait dû chercher à briser le cercle de fer qui se resserrait et à manœuvrer pour revenir sur le Rhin. Sur la célèbre campagne de 1814, on écoute de justes sentences : « On voit que Napoléon savait, quand il le voulait, diriger une retraite ; mais il avait pour principe : qu'il vaut mieux encourir une défaite que de se retirer de son plein gré. Jamais général n'a professé une pareille hérésie, aussi ses défaites se sont presque toujours transformées en déroute ». Pourquoi Napoléon a-t-il livré bataille à Laon aux troupes de Blücher installées dans des positions inexpugnables où se trouvent actuellement, également occupées par les Allemands, des lignes défensives de premier ordre. Il y gagna quoi ! Faire abîmer son armée.

Quand nous arrivons aux dernières heures du drame, nous voyons Napoléon, atteint, il est vrai, par la maladie, se laisser diriger par des idées préconçues, par une médiocre opinion de ses adversaires, Blücher et Wellington, qui avaient pourtant donné leur mesure. Ligny n'est pas une bataille décisive. A Waterloo, la bataille est engagée trop tard, Grouchy n'est pas appelé quand il le faudrait, c'est-à-dire dans la nuit du 17 au 18 juin. Enfin, à Waterloo, Napoléon veut « prendre le taureau par les cornes ». Or, il est très important de remarquer que cette campagne débute admirablement, par un choix judicieux de la ligne d'opérations, par une concentration très bien assurée et exécutée. Comme la fin contraste avec le début ! Nouvelle preuve que la conduite des grandes opérations militaires doit reposer sur la science et sur l'art.

Napoléon avait beau être Napoléon, il était tenu de respecter des principes consacrés par l'expérience ; il les connaissait mieux que personne. A Ligny, il n'assure pas la liaison de ses forces, et cherche à tourner l'ennemi avec un corps séparé. Ces différentes réflexions suggèrent au colonel Grouard cette remarque que je crois utile de livrer à la méditation de mes compatriotes. « Tout cela montre, encore une fois, combien la perfection est rare à la guerre, et que le vainqueur n'est pas celui qui ne fait pas de fautes, mais celui qui en commet le moins, en profitant de celles de ses adversaires. » Et à ceux qui prennent un air scandalisé pour lire dans le livre du colonel Grouard que Napoléon fut, en 1815, un médiocre stratégiste dans la préparation de la bataille et un médiocre tacticien en la livrant, ce motif d'historien : *Pourquoi reculer devant les mots lorsqu'ils expriment l'évidence ?*

Tout cela est un tracé bien désordonné de la partie

de l'œuvre du colonel Grouard relative aux guerres de la Révolution et de l'Empire. Notre intention n'a jamais été de nous mettre à la place d'autrui, puisque, dans le cas, il s'agit de réfléchir et d'étudier. Il faut reconnaître, à ce propos, que la paresse de l'esprit a trouvé un auxiliaire précieux dans la Presse, puisque chaque matin de la vie, pour une piécette de bronze, vous lisez vingt-huit colonnes d'impression qui vous promènent à travers l'univers et vous instruisent sans effort. Non, ce n'est pas cela ! Il y a autre chose dans la guerre que les histoires racontées par les journaux ; il vaudrait bien mieux qu'il n'y ait pas un seul journal, ce qui faciliterait beaucoup les opérations et éviterait au peuple français d'acquérir, par l'habitude, des idées radicalement fausses sur la guerre.

Avant de suivre le colonel Grouard dans ses ouvrages sur la guerre de 1870, il est de quelque utilité de faire cette remarque sur la Presse, qui a maintenant des devoirs d'autant plus grands qu'elle s'en était vraiment écartée, trop soucieuse du commerce du papier, et non de l'éducation publique à laquelle elle pouvait aider utilement en restant dans les limites, c'est-à-dire en se gardant bien d'être serve de ses lecteurs. Au fait, si la France ne méritait pas l'apostrophe d'Anatole France : « Nous n'avons pas d'État », nous trouverions une Presse directrice par le haut et non par le bas. Nous verrions pendant la guerre, des journaux français parler, entre autres choses indispensables, du colonel Grouard.

X

Sans nier le rôle du hasard à la
guerre, je crois cependant qu'il n'est
pas aussi considérable que le roi de
Prusse voudrait bien le faire entendre,
et qu'il ne fait jamais que modifier
légèrement le résultat logique des dispositions prises par les chefs d'armée.

Au moment où les nouvelles qui nous viennent des
armées agitent dans l'esprit une foule de réflexions
profondes, combien nous sentons l'amertume de
nous voir faire le crieur public à propos d'une œuvre
qui eût retenu toutes les facultés d'un Gouvion-Saint-
Cyr ou d'un Masséna et de tous ceux qui, avant eux,
ont conduit ces campagnes mémorables, dont le lieutenant d'artillerie Bonaparte faisait sa lecture quoti-
dienne! Quelle pitié, en vérité, de nous estimer si
peu qualifié pour honorer un labeur que nous ne pouvons même pas mesurer! Faut-il que nous fassions
grand cas des tristes conjonctures d'une invasion dont
la fin n'est pas perceptible, pour nous croire autorisé à traiter les questions les plus élevées que soulève
l'art de la guerre!

Nous poserons à nos confrères, à nos compatriotes,
cette question : Nous comprenons-nous bien? Je ne

le crois pas. Cet écart s'explique d'ailleurs, car il y a longtemps que, dans notre cher et grand pays, l'attention court après les choses médiocres. Les grandes lignes, les idées générales, la nécessité de se bien placer pour juger la scène européenne, tout cela est bien inconnu de nous. Nous nous sommes tant développés, nous avons tant profité pendant ce siècle de l'individu, que toutes les désinvoltures sont licites à l'esprit. Alors, il est difficile d'admettre qu'on puisse être compris, lorsque les circonstances commandent de parler d'une pensée militaire qu'on chercherait en vain, en dehors des œuvres du colonel Grouard. C'est dans un silence remarquable que l'on voit s'épuiser une voix très faible. C'est dans un silence extraordinaire que l'on s'entend répéter, pendant des semaines, les vérités les plus élémentaires. Si haut placé que soit celui auquel vous vous adressez, aucun écho ne se rencontre. On ne comprend pas. Pourtant, il est permis de dire que si la France ne comprend pas maintenant, on se demande quand elle pourra comprendre.

Mais, direz-vous, vous manquez de sérénité. Il ne peut être question de sérénité. Au contraire, il semblerait de bonne mise, au cours de la partie engagée, qu'un feu ardent nous embrase, afin que, pas une minute, notre esprit puisse connaître le répit. Cette vigilance, cette ardeur soutenue est d'autant plus nécessaire qu'il s'agit tout simplement de rattraper l'avance très considérable que l'ennemi a sur nous,

sur presque tous les points de vue qui dominent la
guerre. Une fois cette avance annihilée, il ne faut pas
rester égal à l'ennemi, donc il faut le surpasser. Or,
dans la guerre, on voit qu'il n'y a pas que les armées
et la conduite des armées, mais une nation qui nourrit
et entretient une armée. Dans cette nation, il faut
rechercher tout ce qui peut dépasser l'ennemi comme
institutions, comme organisations, comme mouvements d'ensemble de la nation. Nous aurons beau
avoir une douzaine d'alliés, cela ne nous dispense pas
du tout de remplir ces conditions ; au contraire, c'est
une raison supplémentaire d'être très dirigé.

Si toutes ces conditions ne sont pas remplies, il
est impossible de s'étonner que nous n'entendions
pas parler de très hautes conceptions de la guerre.
Bien certainement l'œuvre du colonel Grouard ne
concerne que la technique de la guerre, mais comme
toutes les œuvres qui ne sont pas à la remorque des
événements qu'elles étudient, elle touche à beaucoup
d'autres choses que la technique de la guerre. Mon
maître, Charles Maurras, donne chaque jour l'écla-
tant témoignages de ce qui distingue une pensée supérieure des événements les plus tumultueux, et nous
osons dire, du point de vue de la guerre, que le
colonel Grouard défend lui aussi un art. Par conséquent il se trouve en mesure de rappeler à chaque
pas, au secours de l'impuissance de ceux qui jugent
qu'il est inutile de s'instruire, une fois certains éche-
lons franchis, les directions qui ont courbé, plusieurs

fois dans le passé, les plus belles intelligences militaires sous le joug de leurs disciplines.

Puisque nous sommes dans le chapitre des observations personnelles, un peu comme dans une halte
que certains jugeront égoïste, nous dirons un mot du
moyen dont nous nous servons pour faire, comme
nous le disions plus haut, le crieur public. Ce mot
est suggéré par la fidèle sympathie que nous témoigne
un officier général du plus grand mérite, ancien et
actuel ; ce soldat des deux guerres contre l'Allemagne
nous demande pourquoi nous n'avons pas choisi une
tribune plus vaste et plus écoutée qu'un journal de
province. Ce n'est pas le culte du nombre qui nous
a paru qualifié pour élever nos pensées dans la distinction qui doit être faite des mérites des hommes.
Une amitié fidèle nous attache à un journal qui peut
se flatter d'avoir rendu quelques services notables au
pays. Il est trop certain qu'on a fait peu de cas de services qui pouvaient avoir une allure modeste ; ce qui
prouve, une fois de plus, l'opposition qu'il y a entre
la quantité et la qualité. Aussi éprouvons-nous un
sentiment de fierté intense à faire de faibles pas, il est
vrai, pour le service du pays, mais des pas très sûrs
et qui, les uns après les autres, marquent un chemin
dans lequel la France devra s'engager, si un succès
complet est vraiment le but de sacrifices incalculables.

Non, nous n'irons pas ailleurs. Nous garderons
pour une gazette traditionaliste et militaire tout ce
dont nous sommes capables. Nous ne rechercherons

pas un instrument bruyant, afin qu'il soit bien
démontré que, dans notre France nivelée, il y a, sur
un point du territoire, hors de Paris, le dessein de
servir dans un ordre d'idées avec lesquelles nos compatriotes sont peu familiarisés. C'est peut-être la
raison pour laquelle nous avons dû dire que nous ne
nous comprenons pas ; mais la principale raison vient
peut-être d'une cause plus haute qui touche à l'organisation de la France. On ne peut dire ce qu'il faut,
on ne peut même dire ce que l'on doit que dans un
pays où les principes dominent tout, où un sens
impérieux des nécessités nationales supprime ou atté-
nue les chocs habituels des sentiments, des intérêts et
des passions. Si les premiers sont sans cadres, les
seconds sont sans discipline, les troisièmes sans
règles, on s'expose à voir la pensée absolument tra-
vestie et on risque d'atteindre un but contraire à celui
qu'on recherche.

Pour toutes ces raisons, nous sommes résolu à ne
pas quitter le discret amphithéâtre qui nous a permis
de recueillir quelques rares témoignages, d'un prix
insigne ! Si, d'ailleurs, on trouvait que nous ne faisions pas entendre assez fort notre voix pour que
l'auteur des *Maximes de guerre de Napoléon I*er puisse
rendre service à la France, nous pourrions répondre
que nous ne nous attribuons, en aucune manière, un
monopole, et que nous ne voyons pas pourquoi
d'autres Français, avec de plus grands moyens, ne
diraient pas ce que nous disons.

XI

On ne saurait trop le répéter, le nombre des hommes capables de diriger les armées est bien petit dans tous les pays, et c'est de leur choix que dépend avant tout la grandeur des États.

Comme cette guerre est différente de celle de 1870! Voilà l'exclamation qui frappe en ce moment vos oreilles. C'est en général le propre des gens qui n'ont pas voulu voir dans la guerre actuelle une possibilité très évidente que de vous servir sur un plateau d'argent des distinctions audacieuses, tandis que la chaîne des événements présente à l'esprit de l'observateur une continuité impérieuse. La guerre qui arracha l'Alsace-Lorraine à la France n'a pas connu la guerre de tranchées, mais elle renferme des enseignements en rapport direct avec la conduite des opérations, au début de la guerre de 1914. En 1870, comme en 1914 les premiers chocs furent des avertissements. Il est donc de la plus grande utilité de suivre le colonel Grouard dans l'exposé qu'il a fait des différentes phases de la campagne de 1870.

Évidemment, lorsque Bonaparte étudiait la campagne du maréchal de Maillebois, en Italie, pendant la guerre de la Succession d'Autriche, il se faisait une idée très nette des exigences de ce théâtre d'opérations. Il est non moins évident que, sur ce même théâtre, les généraux de Napoléon III ont eu une chance inouïe d'avoir des généraux autrichiens incapables en face d'eux, en 1859. Qu'est-ce que cela prouve, si ce n'est que depuis un siècle, la conception de la guerre chez nous ne s'appuie même plus sur les fondations de l'expérience. Les campagnes d'Algérie et des colonies ne peuvent pas compenser le manque d'étude, et de plus, elles ne sont pas un palliatif suffisant aux inconvénients d'un avancement basé uniquement sur des examens et des classements. Ce qu'il y a justement de très remarquable dans les pages du colonel Grouard en 1870, c'est l'attention particulière avec laquelle l'auteur remonte aux causes générales. La conception de la guerre, en France, a subi le même dommage que beaucoup de choses essentielles à la vie et à la conservation du pays. Le travail s'impose, mais il n'est utile que s'il est effectué avec les garanties désirables à la durée de son profit, à l'attrait de sa qualité. Cette dissertation peut paraître bien spécieuse ; cependant elle est urgente, car il y a à écrire une histoire de l'intelligence militaire des Français depuis les guerres de Louis XIV, puisqu'il est juste de parler de Turenne avant de s'occuper de Napoléon.

Le colonel Grouard a composé *la Critique straté-*

gique de la guerre franco-allemande, œuvre qui n'est pas encore achevée ; il a rédigé *le Blocus de Paris et la première armée de la Loire*, dans lequel il a examiné plus spécialement la campagne de la plus importante de nos armées de province. J'assure le lecteur que la peine qu'il prendra à lire ces deux études lui paraîtra d'un prix inestimable, car, au milieu des livres innombrables qui parlent de 1870, ceux-là ont une place supérieure. Nous nous bornerons à extraire les idées maîtresses de ces ouvrages et nous éviterons de nous lancer dans un examen qui ne pourrait, en aucune manière, approcher de la vérité.

Nous devons observer que la guerre de 1870-71 a soulevé — la guerre actuelle le fait également — une question d'un grand intérêt : celle des idées directrices dans le corps des officiers français. On a dit fréquemment, dans les écoles officielles, que la Révolution avait lancé contre le monde des armées improvisées ; cette affirmation ne correspond pas à la réalité, et si Napoléon Bonaparte et Davout, pour en choisir un parmi les plus méritants de ses lieutenants, n'avaient pas acquis de bonne heure, par des études très sérieuses, le sens de la guerre, si les armées n'avaient pas eu ces cadres remarquables de l'armée de la monarchie, les événements n'auraient pas pris la tournure que l'on sait. D'ailleurs à l'appui de notre dire, l'histoire nous apprend la triste attitude des corps formés exclusivement avec ces fameux volontaires qui font pâmer maints professeurs de l'Univer-

sité de France. Quant aux directions, elles naquirent
d' « écoles » retentissantes.

On dit bien que les officiers des armées françaises,
avant la Révolution, ne savaient pas grand' chose, que
la guerre de Sept ans l'a bien prouvé. Faut-il donc
rappeler que les officiers prussiens de 1806 ne res-
semblaient pas à ceux qui servaient le roi Frédéric II?
Tous les pays connaissent ces manquements à l'expérience; peu, depuis 1789, ont connu des manquements plus permanents que les Français, car, dès
1813, la Prusse rattrapait sept années de défaites,
tandis que les officiers qui ont fait la campagne de
Crimée allaient à la rencontre des Autrichiens de
1859 comme des chevaliers du moyen âge, témoin
l'histoire du 1er régiment de zouaves à Melegnano
ou de la garde impériale à Solférino. En 1870-71,
on voit le résultat. Pour rattraper 1870, nous atten-
dons quarante-quatre ans et encore pas de notre gré !
Il est important de se faire une idée exacte sur cette
question, car elle est délicate et complexe, surtout
depuis que, par la volonté allemande, ce ne sont plus
des armées de métier qui se battent, mais des nations
entières et que, par conséquent, le nombre ne sert
pas la qualité. Et comme je vois une grimace se des-
siner sur la physionomie du lecteur, je lui mettrai
sous les yeux une page du colonel Grouard qui vau-
dra mieux que tous les exposés abstraits.

« Je sais que l'on fait quelquefois cette objection :
que si de bonne heure les officiers étaient encouragés

à étudier les parties élevées de l'art de la guerre, ils seraient en même temps appelés à négliger leurs fonctions de chaque jour. Il nous semble que cette objection n'est pas bien sérieuse et que, le plus souvent, elle ne prouve, chez ceux qui la font, qu'une véritable impuissance. Semblables au renard de la Fable, ils n'affectent de dédaigner les études qui sortent du commun que parce qu'ils n'y pensent pas atteindre. On peut fort bien s'y livrer avec assiduité, tout en sachant, comme les autres, conduire une compagnie, une batterie ou un bataillon. Et si l'on veut dire que toutes ces études sont inutiles chez un jeune officier et qu'il lui suffira de s'y remettre quand il approchera des hautes positions, nous répondrons que rien n'est plus erroné ; l'intelligence humaine, comme tous les organismes, a besoin d'être exercée pour conserver ses propriétés; si on la néglige, elle se rouille, et lorsqu'un officier aura passé vingt ans de sa vie sans penser, ni lire, ni réfléchir, le jour où il voudra se servir de son intelligence trop longtemps délaissée, il n'y trouvera plus les ressources nécessaires pour armer son esprit des connaissances qu'exige son nouveau grade. »

Une pensée qui grave une pareille considération, ne mérite-t-elle pas de recevoir les témoignages de la plus vive approbation et ne doit-elle pas être regardée comme un guide ?

XII

Le procédé de Napoléon (jonction des forces avant la bataille) est toujours bon ; celui de l'école allemande est parfois meilleur, lorsqu'on a devant soi un adversaire qui ne veut ou qui ne sait pas manœuvrer ; dans le cas contraire, il est mauvais.

Les Français ont toujours eu une grande confiance en eux-mêmes ; mais cette confiance est bien souvent d'une qualité dangereuse car on s'abrite derrière ce que l'on croit autorisé par elle pour se désintéresser et mettre sur le compte du dieu des hasards de la guerre les retours inespérés d'une fortune à laquelle on a négligé de préparer les voies. Cette confiance va si loin et dispense de tant de réflexions qu'elle nous fait supprimer à vue d'œil certaines difficultés inhérentes à la force militaire adverse. Au risque d'ébahir mes confrères je rappellerai qu'au début de la guerre actuelle, les grands chefs de l'armée allemande avaient sur les armées françaises et leur haut commandement une opinion assez flatteuse pour notre amour-propre national ; en revanche, les chefs allemands étaient considérés en France comme des

gens très surfaits et dont toutes les conceptions étaient
de prime abord vouées à l'insuccès. En 1870, il en
était de même. On se croyait prêt parce que la guerre
paraissait inévitable, et on pensait l'être avant l'ennemi.
Pour compléter notre pensée, nous devrions parler
du commandement français en 1870 ; mais le lecteur
trouvera dans l'œuvre du colonel Grouard tout ce qui
est de nature à éclairer sa religion sur cette question
primordiale, notamment en ce qui concerne Bazaine
et Mac Mahon.

Il est donc nécessaire de rectifier une opinion
trop facile en demandant au colonel Grouard une
vue générale sur la guerre de 1870. Dans *Les armées
en présence* le colonel écrit : « L'objet principal de
cette étude a été de montrer qu'il y avait à la frontière une position stratégique qui convenait à toutes
les éventualités. C'est celle-là qu'il fallait commencer
par aller prendre résolument. Sans doute il ne suffisait pas de l'occuper pour assurer la victoire, qui
dépendait de la manière dont on saurait en utiliser
les avantages. Ces avantages consistaient dans cette
propriété qu'une fois qu'on y aurait été établi, on
était également propre à l'offensive et à la défensive ;
par cette dernière expression, il faut bien entendre
qu'il s'agit d'une défensive active, reposant sur des
manœuvres rapides et non pas d'une bataille générale à recevoir en laissant à l'ennemi tous les avantages de l'initiative... » D'après l'opinion du colonel,
nous nous mettions en mesure de profiter d'une

imprudence des Allemands. Or, justement, le maréchal de Moltke commit une imprudence lorsqu'il lança en avant la IIIᵉ armée allemande sur Wissembourg et Woerth, tandis qu'il ne pouvait la soutenir avec les Iᵉʳ et IIᵉ armées. La IIIᵉ armée pouvait recevoir une leçon exemplaire.

À propos de cette imprudence du maréchal de Moltke, le colonel Grouard exprime son jugement sur le chef de l'armée allemande en 1870, jugement qui est à mettre en regard de l'affirmation énoncée plus haut sur le défaut de réflexion qui marque en général nos opinions sur la guerre et ceux qui la conduisent.

Quoique le maréchal de Moltke se fût ainsi exposé à une défaite que Napoléon n'aurait pas manqué de lui infliger, le colonel écrit : « Cela ne nous empêche pas de considérer le chef d'état-major général de l'armée allemande comme un homme de guerre tout à fait supérieur ; car pour juger les chefs d'armée il ne faut pas les considérer isolément, mais les comparer les uns aux autres. Si l'on ne voulait admirer que ceux qui n'ont jamais commis de fautes, on n'en trouverait pas un seul. Frédéric et Napoléon n'en sont pas exempts et si M. de Moltke en a commis après eux, cela ne l'empêche pas d'être, sinon à leur hauteur, du moins incomparablement au-dessus de tous ses contemporains. D'ailleurs nous ne sommes qu'au début de cette guerre dans laquelle allait sombrer la puissance militaire de la France, et si l'on peut relever, pour la première période des opérations des armées allemandes, des erreurs qui nous paraissent incontestables, nous les verrons, dans la période qui va suivre, progresser sur notre territoire avec autant de résolution que de prudence, et l'on peut dire en somme que l'on n'avait pas encore vu de grandes armées aussi nombreuses dirigées par une main aussi sûre. Il faut ajouter toutefois que pour apprécier M. de Moltke à sa vraie valeur, on doit faire intervenir le mérite de ses adversaires. »

Le colonel ajoute qu'il est certain « qu'au début des hostilités, les troupes françaises étaient capables de lutter avec succès à forces égales ». Malheureusement la direction de nos armées ne permettait pas d'opérer l'utilisation de cet avantage momentané. « C'est ce qui montre une fois de plus, que la victoire est à celui qui commet le moins de fautes, puisque les généraux ont encore de grandes chances de vaincre si leurs adversaires ne leur sont pas supérieurs. Mais ce qui importe, lorsqu'on cherche dans l'étude des événements un enseignement, c'est de ne pas prendre pour modèles des dispositions qui ont amené la victoire lorsqu'elles auraient dû produire la défaite. Sadowa en 1866, Woerth et Forbach en 1870, ont été obtenus malgré des combinaisons fausses dans leur principe. A moins d'être sûrs d'avoir devant soi un Benedek ou un Le Bœuf, il faut donc se garder de chercher à imiter M. de Moltke ; ceux qui seront appelés au commandement des armées feront

mieux d'avoir devant les yeux les exemples du vainqueur d'Austerlitz et d'Iéna. Là, tout est parfait ; non
seulement Napoléon a été vainqueur, mais il devait
vaincre, quoi que fissent ses adversaires. Il a tiré des
troupes admirables qu'il commandait tout ce qu'elles
pouvaient donner. M. de Moltke, au contraire, a fait
livrer la première bataille avec moins de la moitié de
ses troupes : s'il y avait eu en France un homme de
guerre supérieur, il aurait commencé par être battu
et il n'aurait pas eu le droit de se plaindre, parce
qu'il l'aurait mérité. »

Il y a un champ fort limité pour l'observation des
grandes lignes d'une campagne militaire. Par suite
c'est un peu toujours la même chose qu'il faut dire,
procédé peu plaisant à la grande majorité des Français.
Sur la guerre, il est incontestable que nous avons grand
tort de continuer à nous croire dispensés de tout effort
intellectuel. Ce n'est pas la bravoure individuelle qui
manque, mais peut-être lui faisons-nous la place trop
grande. Il vaudrait mieux étudier et réfléchir davantage, car nous devons nous souvenir qu'il y a des
données à avoir sur la guerre, données acquises avant
la guerre par le travail et la méditation.

XIII

Les deux chefs de nos armées, du
23 au 27 août 1870, se sont donc
trouvés dans cette singulière situation
de s'attendre réciproquement l'un sur
l'Aisne, l'autre sur la Moselle, chacun
d'eux croyant l'autre en mouvement,
tandis qu'ils étaient tous les deux à
peu près immobiles.

Aucune lecture n'est plus saisissante que celle de
l'Armée de Châlons, celui des ouvrages du colonel
Grouard qui connut la plus grande vogue, il y a
trente ans. Dieu sait si l'on peut compter les livres
qui traitent de la guerre de 1870, et c'est dans
celui-là qu'on voit comment le sort d'un État est fra-
gile et paraît, une fois engagé dans une voie,
actionné par une sorte de décadence automatique.
L'armée de Châlons ! Celle qui devait, sous le commandement de Mac Mahon, exécuter des ordres
rédigés à Paris pour aider au déblocus de l'armée de
Metz, commandée par Bazaine ! Déjà le colonel
Grouard a démontré que l'erreur capitale, cause de
tous les désastres, est celle de Bazaine, qui retire son
armée sous Metz et la condamne. Aujourd'hui vous
assistez à cette marche de Mac Mahon qui ne se

soucie même pas de prendre contact avec l'ennemi, qui obéit aux instructions de Palikao et se fie aux renseignements, déjà anciens, du ministère de la guerre. Vous voyez, à côté de cette course à l'abîme, chaque jour plus rapide, la vaste conversion, opérée dans un ordre admirable, par les armées allemandes. Cette persistance de l'armée française à vouloir attendre la Moselle est une des plus tragiques qu'on puisse constater dans une campagne militaire. Ce n'est pas à nous, encore une fois, à indiquer ici les détails de cette opération et du désastre qui servit de terme. Bazaine à Metz, Mac Mahon à Sedan, et en tiers, des ordres qui viennent de Paris et émanent de gens qui ignorent même la géographie! C'est une méditation très salutaire que celle imposée par *l'Armée de Châlons* au lecteur.

Nous y trouvons quelques idées qui font valoir la nécessité de distinguer la stratégie et la tactique, de se rendre compte qu'il ne s'agit pas, dans la guerre, de livrer seulement des batailles. Encore faut-il les préparer, afin de pouvoir les engager dans les conditions les plus propices, car l'histoire des guerres montre souvent une bataille compromise à l'avance. « On peut dire, écrit le colonel Grouard, que, le soir du 30 août (trente-six heures avant Sedan) l'armée française était à peu près perdue; car si ses chefs avait possédé les qualités qui étaient nécessaires pour la tirer de la situation où elle se trouvait, ils auraient commencé par ne pas l'y mettre. » Voilà un

exemple du ton qui marque le récit de l'une des plus
dures expériences subies par une armée française.

« Si l'on résume, explique le colonel, les considérations que nous venons de présenter en les combinant avec les précédentes, on voit que l'armée de
Châlons ayant pour but final de ses opérations de
dégager Metz, pouvait y tendre de deux manières,
soit par le nord, soit par le sud ; que la première
manière était plus rapide, mais plus périlleuse, la
seconde, plus lente et plus certaine et que surtout on
pouvait se disposer à employer l'une ou l'autre, suivant les circonstances. Ainsi rien ne s'opposait à ce
que l'on commençât une marche sur l'Aisne et sur
l'Argonne, en se portant dans la direction de Montmédy. Une fois ce mouvement exécuté, si l'on avait
trompé l'ennemi, on pouvait courir directement sur
Metz ; mais, si l'on avait à redouter son atteinte, on
pouvait, au contraire, se retirer avec l'intention de
revenir en chemin de fer dans les Vosges.

« Avec cette manière d'opérer, on attirait presque
toutes les forces du blocus de Metz sur la rive
gauche ; Bazaine pouvait alors sortir de lui-même,
et, pour l'y aider, il n'était plus besoin de toute
l'armée de Châlons, mais, très probablement, seulement d'une soixantaine de mille hommes, qu'on
aurait transportés sur Langres et Épinal en peu de
jours, ayant, dans les conditions que nous supposons, la certitude de pouvoir utiliser les voies ferrées
qui partent de Paris ; mais il faut bien remarquer

qu'on ne pouvait espérer cette sortie de Bazaine qu'à
la condition de faire une feinte sur Montmédy, et si
l'on eût commencé par se retirer sur Paris, on ne
pouvait compter joindre l'armée qui était à Metz qu'en
y allant soi-même. » Le colonel concluait que le
dégagement de l'armée de Metz obtenu, « il impor-
tait, avant d'aller plus loin, de faire succéder à cette
série d'opérations, si heureuses qu'elles eussent été,
une période d'organisation ».

Pour faire tout cela, il eût fallu du travail et de la
réflexion avant la guerre. Cette remarque est, d'ailleurs, de tous les temps, et c'est pour cela que nous
jugeons nécessaire de la faire. Bazaine à la tête de
l'armée de Lorraine, Mac Mahon à la tête de l'armée
de Metz, Chanzy à la tête de l'armée de Châlons,
quels changements l'historien militaire n'aurait-il
pas à enregistrer ? Nouvelle preuve de l'importance
capitale que présente pour un peuple la préparation
à la guerre, préparation si intense qu'elle permet de
distinguer les aptitudes particulières de tel ou tel
général ; l'un peut faire un excellent chef de division
ou de corps d'armée, un autre dirigera parfaitement
les services de l'arrière, un troisième remplira avec
succès le poste de major général, un quatrième assu-
mera avec compétence la défense d'une place ou
d'une zone, un cinquième pourra diriger une armée.
Pour cela il ne faut pas qu'il y ait, à côté de l'armée,
une organisation qui ne peut épouser les nécessités
de l'armée, qui s'en désintéresse ou les combat. « Il

y a pour les officiers deux sortes de connaissances très nettement distinctes : les unes s'acquièrent par la pratique journalière du métier, mais on ne peut arriver à posséder les autres que par un travail personnel incessant, de longues lectures et de profondes méditations. Si les premières sont suffisantes pour conduire une compagnie, un escadron ou une batterie, même un régiment ou une brigade, les autres sont indispensables pour diriger les opérations des armées. Or, celles-là ne se trouvent pas dans les règlements ; les y chercher, c'est vouloir apprendre la mécanique céleste dans un traité d'algèbre élémentaire. »

Cela fut écrit en 1885. Ce ne sont pas les moyens qui ont manqué en 1870 ; ce ne sont pas les moyens qui manquent à une nation vigoureuse et intelligente ; mais l'éducation militaire a-t-elle pu se développer dans des conditions favorables à sa santé ? Voilà une question sévère que nous invite à poser l'histoire intérieure du pays, car les sacrifices sont d'autant plus grands qu'on n'a pas voulu y penser à l'avance, qu'il s'agisse d'abord de la direction, ensuite de l'exécution. Les œuvres du colonel Grouard aideraient une nation à voir très nettement de quoi il s'agit, quand un peuple a résolu de ne pas être vaincu. Lorsque, après Sedan, on a voulu faire montre de cette résolution, on n'a pas réussi, parce qu'on n'avait aucun principe.

XIV

En France, il nous faut des traîtres.
On ne peut pas admettre que nous
soyons battus sans la trahison de quelques-uns. Au début des guerres de la
Révolution, tous les généraux étaient
des traîtres ; quelques-uns ont été
fusillés par leurs soldats, les autres
ont porté successivement leur tête sur
l'échafaud.

Dans *le Blocus de Paris et la première Armée de
la Loire,* le colonel Grouard étudie la guerre en province, celle qui fait suite à Sedan. Peut-être le lecteur trouvera-t-il cette étude bien pareille aux précédentes ; le colonel lui dit sans détour : « Si nous
disons toujours la même chose, cela tient à ce que
c'est toujours la même chose ». La France tenait
encore malgré la perte de ses deux armées régulières :
140.000 hommes avaient capitulé à Sedan et un
nombre égal allait être livré à l'ennemi, à Metz, quelques semaines plus tard. Nous avons pu dire, l'autre
jour, en quelques mots, comment l'armée du maréchal de Mac Mahon avait été au-devant de Sedan.
Aujourd'hui nous penserons à l'armée qui avait à sa
tête Bazaine, dont la faute capitale est d'avoir été

inférieur à sa tâche. On a dit beaucoup de choses
sur Bazaine ; on a affirmé que c'était un traître[1]. Tout
cela a suggéré au colonel Grouard des pages profondes sur la psychologie des Français lorsqu'ils ne
sont pas heureux. Avec le genre d'organisation que
la France possède depuis la Révolution, on peut dire,
avec le colonel Grouard « que le parterre c'est l'opinion publique. Gambetta était sûr de lui plaire en lui
dénonçant la trahison d'un maréchal de France et il
ne faut pas s'étonner de l'effet produit lorsqu'on voit
encore aujourd'hui des esprits distingués, aveuglés
par la passion patriotique, reproduire le réquisitoire
du tribun de 1870 ».

« Mais en s'adressant à l'opinion publique, Gambetta aurait pu se demander ce qu'elle valait, et alors
il se serait rappelé que c'était cette même opinion qui
avait désigné Bazaine au choix de l'empereur pour
être mis à la tête de l'armée après nos premiers
échecs. » Nous devons reconnaître d'ailleurs, avec le
colonel Grouard, que la faute capitale de Bazaine, la
faute inexcusable, après celle commise à Forbach,

---

[1] L'inaction du maréchal Bazaine à Forbach est assurément très blâ-
mable, mais ce n'est pas sa faute capitale, car Forbach n'a eu qu'une
influence secondaire sur la tournure des opérations. La grande faute
fut commise le 17 août, après la bataille de Rezonville, lorsque le
maréchal opéra son retour à Metz. Comme chef, il est responsable de
ce mouvement funeste, mais il y a des circonstances atténuantes : la
plupart des généraux de l'état-major de Bazaine pensaient, comme lui,
qu'il fallait revenir sur Metz ; enfin, un grand nombre d'écrivains
militaires français, et des plus réputés, ont soutenu que le retour sur
Metz était ce qu'il y avait de mieux à faire.

où, par son inaction, le maréchal laissa écraser le
général Frossard, c'est Rezonville! Encore que cette
faute soit renouvelée des guerres antérieures, témoin
le maréchal Soult en Portugal, ou Bernadotte à
Auerstaedt, il y a lieu de remarquer qu'elle est anté-
rieure de plusieurs semaines à la capitulation de Metz.

Notre dessein n'est pas de nous étendre sur Bazaine,
Mac Mahon ou Palikao; nous voulons seulement faire
remarquer la très grande prudence avec laquelle un
esprit sérieux s'engage dans la voie de la critique militaire. L'opinion exprimée par le colonel Grouard sur
le coup de clairon de Gambetta faisant suite, en sens
inverse, à celui de Jules Favre, nous semble fixer
pour toujours ce que l'aplomb d'un homme obtient
de la crédulité d'un pays. Enfin, nous dirons qu'il y
a là une leçon de choses.

Au moment où Mac Mahon prolongeait, sur l'ordre
de Paris, la marche fatale sur Montmédy, Bazaine
était, dit le colonel, « pour toute la France, le grand
homme de l'armée, et cependant toutes les fautes qui
nous ont perdus étaient déjà commises. Et rien ne
put modifier l'opinion publique après Sedan. L'insuccès de la bataille de Noiseville ne la changea pas
davantage. Le rhéteur Jules Favre était bien en har-
monie avec la France, quand il appelait le commandant de l'armée de Metz « notre glorieux Bazaine ».
Or, qu'avait fait de plus ce dernier, quand le tribun
Gambetta vint le dénoncer comme un traître? Rien,
si ce n'est d'avoir subi les conséquences des fautes com-

mises pendant la seconde quinzaine du mois d'août. Et en somme, si le premier était puéril en glorifiant le commandant de l'armée de Metz, le second était injuste en dénonçant sa trahison. Ni l'un ni l'autre n'était capable d'apprécier sa conduite ; l'un n'a vu qu'une chose : c'est que Bazaine était encore debout après le désastre de Sedan, sans vouloir rechercher si les fautes commises autour de Metz n'étaient pas la cause première de nos désastres ; l'autre n'a pas tenu à approfondir davantage, il a seulement constaté que Bazaine venait de tomber au moment où l'on comptait encore sur sa résistance, et il n'a pas voulu se demander si la capitulation n'était pas inévitable depuis plus de six semaines. Et la France a applaudi Gambetta, comme elle avait applaudi Jules Favre. L'historien impartial doit repousser également le verdict de ces deux hommes. »

Je ne sais si je m'abuse, mais je crois qu'il y a chez le colonel Grouard beaucoup plus que la vue de la guerre, plus que la compétence professionnelle, un sens très élevé de tout ce qui touche à la vie d'une nation en armes. Ecoutez encore ceci :

« Il est vrai que nous avions engagé la partie avec une infériorité numérique considérable ; mais ce n'est pas là que réside, suivant nous, la vraie cause de nos défaites. Le général qui ne sait pas commander 100.000 hommes doit être encore bien autrement embarrassé, lorsqu'il en a le double entre les mains. Le nombre est certainement un des éléments de suc-

cès, mais ce n'est qu'à la condition qu'on sache en
tirer parti. Toute troupe est une force, mais elle ne
produit son effet, qu'à condition d'être utilisée sur le
théâtre des opérations ; les difficultés qu'a à surmonter
un général en chef augmentent donc en même temps
que les moyens dont il dispose, et c'est ainsi que
l'histoire montre tant d'exemples d'armées battues
par des forces inférieures. Bazaine n'a pas su gagner
la bataille de Rezonville, et cependant il avait sous
la main des forces doubles de celles des Allemands.
Aussi, nous croyons qu'alors même que nous serions
entrés en campagne avec 100.000 hommes de plus,
le résultat eût été à peu près le même, dès que les
chefs de l'armée n'étaient pas changés.

Il y a, dans la guerre, de grands signes indicateurs.
Le sort d'un pays se joue dans un choc ; c'est un
devoir de conservation pour un pays de se prémunir
afin d'en faire dévier les conséquences en sa faveur.
Comme la guerre fait ressortir les qualités et les
défauts, on y voit se succéder, même dans les guerres
les mieux conduites, des erreurs, et on s'aperçoit aussi
que ces erreurs sont souvent réparables. Le colonel
Grouard a montré, par exemple, que l'armée de Metz
pouvait quitter cette place par le sud et atteindre
Epinal et Langres ; il le fait avec cette même gravité
dans la locution, cette même conscience des conditions de la guerre, que nous avons trouvées dans
l'exposé des raisons pour lesquelles Napoléon, en
1813, au lieu de s'accrocher à Dresde, pouvait faire

contrainte à la fortune par une retraite sur le Rhin.

Nous verrons comment il était encore possible à la France de faire quelque chose, le colonel ne dit pas : « tout », mais « quelque chose », avec ses armées de province. Là encore se trouvera vérifiée la loi qui régit la guerre et les sanctions qui l'accompagnent si les écarts et les manquements se succèdent. Je crois qu'il n'y a aucune mauvaise philosophie à retirer des études du colonel Grouard sur 1870 ; on peut regretter de devoir faire comme si ces études étaient réservées à un petit cénacle. Nous avons vu donner le grand prix Gobert à bien des œuvres militaires. Nous nous demandons pourquoi l'œuvre que nous examinons a été comme frappée d'ostracisme. Vous le devinerez bientôt.

XV

L'ensemble de la défense était dirigé de Tours par des hommes... complètement étrangers aux questions militaires.

Fidèle à la maxime que je me suis fixée, je dois prévenir le lecteur qu'il connaîtra faiblement l'œuvre du colonel Grouard, s'il se contente de lire ce que j'en dis. Certes, ce serait déjà quelque chose ; ce serait une preuve que, à une heure pleine d'angoisse, l'intelligence française n'est pas tout entière esclave du moment, mais, au contraire, capable de réagir, de penser et de concevoir. Avec *le Blocus de Paris et la Première Armée de la Loire,* on pénètre au fond même de la conduite de la guerre de 1870. Je ne vois pas ce que l'on peut dire de plus sur cette dernière tentative de nos armes pour sauver une situation très compromise. Le lecteur qui aura le bon sens de lire cette étude revivra des heures d'espoirs et de faux espoirs. Nous laisserons donc le fil des événements qui eurent pour théâtre simultané, puis successif, Paris, Orléans, la Loire ; nous demanderons au colonel Grouard quelques idées maîtresses qui puissent être fructueuses actuellement.

On sait que le général d'Aurelle de Paladines avait remporté un succès à Coulmiers, ce qui avait augmenté dans une proportion singulière le courage et la confiance de la nation. Cette bataille ne fut pas décisive, son résultat se trouva malheureusement bien effacé par les dispositions que crut devoir adopter le commandement français. Elle n'avait été un succès que par suite d'une supériorité numérique incontestable sur les Allemands. Ailleurs, nos ennemis s'étaient fort écartés des principes et avaient donné à une fraction d'armée, celle du duc de Mecklembourg, une direction assez excentrique pour la rendre difficile à soutenir, au cas où elle se trouverait attaquée [1]. A ce sujet, le colonel Grouard écrit : « Les Allemands ont pu négliger les principes, parce qu'ils avaient devant eux des adversaires qui n'en connaissaient pas la valeur.

« Pour bien apprécier les dispositions du Grand État Major allemand pendant cette période, il importe de se faire une idée exacte de la vraie signification des principes de l'art de la guerre. Ces principes sont vrais en ce sens qu'en les négligeant on s'expose à un échec, mais leur violation n'entraîne les conséquences qu'elle comporte qu'à la condition que l'adversaire

---

[1] Le mouvement du duc de Mecklembourg, exécuté à partir du 18 novembre dans la direction du Mans, aurait pu être pour les Allemands une cause d'échec, si l'état-major français, après avoir concentré à Châteaudun toutes les forces disponibles, avait attaqué le duc de Mecklembourg.

sache en profiter. Et pour employer le langage des
géomètres, je dirai que la faute que l'on commet en
s'en écartant a pour mesure la probabilité qu'il y a
que l'adversaire tire parti des avantages qu'on lui
livre ; lorsque cette probabilité est à peu près nulle,
on peut dire qu''il en est de même de la faute commise. Or les Allemands, sachant que les armées
françaises étaient dirigées par des hommes inexpéri-
mentés dans l'art de la guerre, étaient en droit de
penser que la probabilité de les voir profiter des
occasions favorables était à peu près nulle. Dans ces
conditions tout était permis. » C'était ce que le
colonel résumait encore, quand il écrivait : « On ne
peut vraiment pas reprocher à M. de Moltke d'avoir
sainement apprécié le savoir-faire de ses adversaires ».

La dispersion de nos armées en avant d'Orléans
avait pour inspirateurs les membres de la délégation
de Tours. M. de Freycinet s'étant persuadé qu'en
sortant de l'École polytechnique il avait acquis les
données nécessaires à un manieur d'armées, porte les
responsabilités des opérations dont le décousu brisait
la dernière chance de débloquer Paris. M. de Freycinet était alors un puissant personnage ; il l'a été
depuis, à diverses reprises, et dans notre époque
facile aux réputations les plus imméritées, le sénateur
inamovible, président de la Commission de l'armée,
est encore la divinité des guerriers en bourgeois qui
sont légion dans un certain monde dirigeant ; on ne

s'explique pas les mérites particuliers d'un homme
qui a passé sa vie à sacrifier son pays aux petites
combinaisons d'un cerveau doué de quelque vernis
mathématique. Or, en 1870, M. de Freycinet, après
Coulmiers, au moment où Ducrot préparait sa tentative de sortie, convoqua à Saint-Jean de la Ruelle,
un grand conseil de guerre, auquel participèrent les
généraux d'Aurelle, Chanzy et Borel. Ce n'était pas
la première fois, ce ne fut pas d'ailleurs la dernière
fois, que, dans notre démocratie, la médiocrité, mas-
quée derrière une certaine apparence de vigueur
laborieuse et de méthode bruyante, entendait s'imposer aux commandants des armées. Donc, M. de
Freycinet arriva avec un plan, tout fait, qui jeta les
généraux dans la stupeur. Comme le général d'Aurelle déclarait qu'il y aurait lieu de procéder à la
concentration préalable de l'armée, M. de Freycinet
l'envoya au diable et s'attira du général Chanzy une
remarque qui suivra l'académicien où qu'il aille,
vivant ou mort : « Puisqu'il en est ainsi, ce n'était
pas la peine de nous réunir pour nous consulter ; il
n'y avait qu'à nous envoyer des ordres de Tours ! »
Et quand Gambetta se résolut à remettre le commandement complet au général d'Aurelle de Paladines, le
2 décembre, il était trop tard. La concentration était
impossible car nous venions de subir un échec san-
glant à Loigny.

Cette conception extraordinaire de la guerre
trouve sa dernière expression dans une observation

du colonel sur le désordre insensé des opérations : « On disposait de cinq corps d'armée présentant un effectif de près de 200.000 hommes. mais jamais un tiers de ces forces ne fut réuni pour livrer une bataille décisive ». Quand nous disons que M. de Freycinet porte le poids de certain événement militaire d'importance, nous le faisons au nom de la vérité historique et militaire. Aussi le lecteur devine maintenant pourquoi le colonel Grouard s'est vu frapper d'ostracisme : pour avoir porté un coup terrible à la réputation stratégique de M. de Freycinet. Comme bien on pense, ce citoyen illustre d'un monde qui s'en va, n'était pas sans avoir une armée d'amis qui soutenaient la considération à laquelle il prétendait. D'un autre côté, le colonel Grouard gravissait sans cesse des hauteurs d'où il pouvait apprécier le rôle de tous les acteurs d'une guerre, M. de Freycinet en tête.

Pour cette fois nous laisserons là les considérations du colonel Grouard sur la seconde partie de la guerre de 1870. Nous voulons citer ici un trait qui achèvera de faire connaître le caractère de l'auteur des *Maximes de guerre de Napoléon Ier*. Comme, un jour, on lui suggérait d'entrer en relation avec M. de Freycinet parce que cela pouvait avantager sa carrière, le colonel Grouard, alors commandant, s'y refusa énergiquement, déclarant qu'il préférait voir sa carrière brisée que de devoir quoi que ce soit à un homme qu'il considérait comme fort éloigné de compter parmi les serviteurs de l'utilité nationale. J'ignore si les années de M. de Freycinet doivent se prolonger plus avant, mais il ne sera pas surpris que nous lui rappellions que c'est à cause de lui, en grande partie, que nous devons, en pleine guerre, demander pourquoi l'avis du colonel Grouard n'est pas provoqué, pourquoi son œuvre est entourée d'une épaisse muraille.

Nous savons fort bien que, pas loin de M. de Freycinet, on a reconnu la « puissance » des conceptions du colonel Grouard.

XVI

« De sorte que l'on peut conclure en disant que
le plan de M. de Freycinet, appliqué à la lettre, conduisait à une défaite certaine ; mais que, même cor-
rigé sur certains points et heureusement exécuté, il
ne conduisait pas au but que l'on se proposait d'atteindre. Et si le général d'Aurelle, par certaines fautes
d'exécution, a contribué à la défaite de l'armée de la
Loire, il faut reconnaître qu'il n'est pour rien dans
la conception du plan apporté de Tours et dont la
responsabilité tout entière doit retomber sur M. de
Freycinet ». Ceci dit afin qu'on ne vienne pas me
servir que je m'en tire avec des affirmations gratuites.
Ce que constate le colonel Grouard de la ligne de
conduite imposée à l'armée de la Loire lorsqu'on
voulut lui faire concourir au déblocus de Paris est de
la plus haute importance, non seulement pour juger
le cas personnel du colonel, mais pour se rendre
compte des conditions particulièrement difficiles dans

lesquelles nos dernières armées durent agir, alors qu'il n'y avait pas la moindre faute à commettre.

Le problème qui se posait à l'armée de la Loire était celui d'aider l'opération par laquelle le général Ducrot comptait sortir de Paris. Admettant que le plan par la basse Seine fût laissé de côté, le colonel estime que si l'on donnait rendez-vous à Ducrot du côté de Fontainebleau, il fallait « faire de suite une démonstration par la gauche, et se concentrer en même temps à droite, attaquer de ce côté aussitôt la concentration terminée. La situation ne comportait pas d'autres dispositions ». C'est que, dans l'esprit du colonel Grouard, aucune bataille décisive ne devait être livrée avant la concentration. La véritable opération à tenter, pour le colonel, n'était pas du côté de l'est, mais de l'ouest, par la basse Seine ; on pouvait alors avoir quelque chance de débloquer Paris ; on ne se précipitait plus dans les lignes enne-mies, plus renforcées à l'est vers Fontainebleau. « Faire tous ses efforts pour attirer une partie des Allemands dans l'est, puis revenir sur la Loire, de manière à marcher sur Paris par l'ouest. » Il faut remarquer que cela n'est pour le colonel qu'une hypo-thèse, attendu que l'armée de la Loire était déjà rompue et obligée à la retraite. Nous nous excusons de ces emprunts à la vapeur, dans une œuvre qui ne peut être jugée qu'après une lecture complète et approfondie. Si nous voulons cependant comprendre la guerre de 1870 et en tirer un sens, le tracé sui-

vant du colonel Grouard est à retenir mot pour
mot :

« Les grandes opérations militaires, comme beaucoup de drames, peuvent être divisées en trois actes.
Tout d'abord on fait connaissance avec les person-
nages ; on peut se rendre compte de leurs situations,
de leurs tendances et de leurs aptitudes ; c'est l'expo-
sition. Ensuite on les voit aux prises avec leurs passions ; chacun, pour atteindre son but, met en œuvre
tous les moyens dont il dispose, essayant de déjouer
tous les projets de ses adversaires ; c'est l'intrigue.
Enfin du choc de toutes les volontés en présence,
résulte une lutte à la suite de laquelle les uns prennent le dessus, tandis que les autres sont obligés
d'abanbonner toutes leurs prétentions ; c'est le dénoue-
ment, d'où résulte une situation nouvelle, qui, à son
tour, pourrait servir de point de départ à de nouvelles entreprises. »

Je le demanderai avec la plus grande déférence à
des hommes chargés des dignités militaires et civiles :
croient-ils qu'il y ait une pensée qui vienne à la
hauteur d'un exposé au cadre si grandiose et si
simple à la fois, par lequel la guerre, avec tout son
cortège de situations, inextricables à l'œil nu, apparaît parmi toutes les actions humaines, une de celles
où l'équilibre et la logique se réservent le dernier
mot? Il n'y a rien d'impossible à la guerre, les
résultats tenant aux fautes de l'adversaire autant
qu'aux bonnes dispositions que l'on peut prendre

soi-même, répète pour la centième fois le colonel,
lorsqu'il démontre que « les armées bloquées ne se
sont jamais sauvées d'elles-mêmes ». Nous aurions
pu nous appesantir sur les idées et les revirements
du général Trochu, les justes conceptions du général
Chanzy, l'intuition du général Ducrot, les indécisions
du général d'Aurelle de Paladines. Nous avons préféré apporter aux lecteurs, dépouillées, il est vrai, de
toute liaison, quelques « directions » d'une qualité
âpre et robuste, capables, pendant la guerre de 1915,
d'arracher nos esprits à l'empire, méprisable et déce-
vant, des explications et des solutions banales où le
sentiment gagne ce que perd la raison.

Nous ne pouvons, d'ailleurs, quitter la guerre de
1870 sans relire encore cette page qui fixe le jugement de l'Histoire et aide nos esprits à faire déguerpir
la foule des préjugés commodes. On a discuté le
général Ducrot parce qu'il n'a pu débloquer Paris.
« On peut dire, écrit le colonel, que pendant le cours
de cette triste guerre, le général Ducrot a trouvé
deux fois le moyen d'épargner à son pays de grands
désastres : une première fois à Sedan, en apercevant
avec beaucoup de coup d'œil, la seule chance de
salut qui restât à l'armée française d'éviter une ruine
complète ; une seconde fois, à Paris, en proposant
le plan le meilleur pour essayer de rompre l'investissement et de dégager la capitale, au moins pendant
quelques jours. Malheureusement, dans ces deux
circonstances, ce véritable homme de guerre s'est

trouvé dans l'impossibilité de mettre ses projets à
exécution : une première fois, par l'intervention du
général de Wimpfen, qui, ne comprenant rien à ce
qui se passait, refusa d'entrer dans les idées du général
Ducrot ; une seconde fois par suite du refus de la
délégation de Tours de se conformer aux projets qu'il
avait proposés.

« On peut dire que, véritablement, la mauvaise fortune s'était acharnée contre nous ; car, tandis que les
incapables avaient toute liberté pour exécuter leurs
projets insensés, les rares hommes qui, par leur savoir
autant que par leur énergie, étaient capables de sauver
leur pays, se trouvaient dans l'impossibilité d'utiliser
leurs précieuses facultés. »

Cependant, comme le colonel Grouard ne man-
quait pas de l'inculquer à ses élèves, il y a trente-
cinq ans, un officier doit être philosophe. Aussi, par
respect pour une maxime si pleine de sécurité, le
colonel ajoutera que les erreurs commises procédaient,
plus ou moins, des idées fausses qui régnaient en
France sur l'art de la guerre. Car ce n'est pas la
supériorité de l'armement, la bonne préparation de
la mobilisation et de la concentration, la valeur et
le nombre des soldats qui remplissent, seuls, les conditions de la victoire. Le choix des chefs, le soin
religieux avec lequel on doit aider à leur recrutement
et laisser libre cours à leurs travaux de préparation,
la possession des principes illuminés par l'expérience
des grands capitaines, sont les premières de ces con-

ditions. Enfin, comme il ne s'agit pas seulement du métier des armes dans une guerre qui oblige un peuple tout entier à se faire soldat, ces choix, cette éducation, ces principes ne sont pas moins nécessaires à ceux qui assument la direction générale d'une nation métamorphosée en un immense camp militaire.

XVII

Lisez et méditez surtout les campagnes de Napoléon ; faites ensuite l'étude approfondie des moyens employés par les Allemands en 1870.

Dans la période qui va de 1890 à 1914, il était de mode, dans certains milieux civils et militaires de France, de se déclarer partisan d'une certaine conception historique des campagnes de guerre, les plus connues de la grande masse. Quand on faisait à Napoléon l'honneur d'écrire un nouveau livre sur les opérations de son règne ou bien qu'on s'efforçait d'apprécier la campagne de 1866, on pouvait voir toute une école faire ses délices d'une étude brillamment présentée, mais parfaitement spécieuse et gratuite dans ses affirmations. Les noms de ces auteurs favoris, dont quelques-uns ont atteint les sommets de la hiérarchie militaire, sont fréquemment rappelés dans les journaux et revues. Ce qui différencie l'œuvre du colonel Grouard, c'est précisément une sorte d'isolement, dépouillée par conséquent de réclame. Il est juste que nous donnions un exemple de la position d'esprit qu'occupait le colonel quand il voyait paraître

un de ces ouvrages. Souvent, chacun voit la guerre
avec sa petite prétention, au lieu de la juger en simple
spectateur d'un événement grandiose, mais peu nouveau : la guerre doit être vue dans les guerres ; un
lien, un parallèle, une comparaison, une ascendance,
tout cela doit figurer dans une étude militaire qui se
respecte, car ce n'est pas l'imagination qui préside
dans cet ordre d'idées, mais des faits dont le sens
éclate à chaque pas.

En 1900 un auteur militaire a prétendu démontrer
que Napoléon avait dans le cerveau un type unique
de bataille dont il cherchait toujours à se rapprocher
le plus possible. Les écrivains militaires de 1914 ne
font pas une chose bien différente quand ils s'achar-
nent à vouloir prouver que les Allemands n'ont, eux
aussi, qu'une manière de diriger des opérations, qu'une
manière de livrer bataille, qu'une manière de défoncer
l'adversaire, ce qui facilite les explications d'un échec,
mais ne correspond en aucune manière à la réalité.

Le colonel Grouard répondit à celui qui prônait
la bataille-type de Napoléon dans un petit opuscule
intitulé : *Les batailles de Napoléon*, digne conclusion de ses ouvrages sur la stratégie de l'Empereur.
A l'affirmation que le hasard entrait pour beaucoup
dans les victoires gagnées par les prédécesseurs de
Napoléon, le colonel réplique : « Il y avait certainement autre chose dans les opérations de Gustave-
Adolphe, qui l'ont conduit à Leipzig, à Nuremberg
et à Lutzen ; ce n'est pas non plus par hasard que

Condé a livré les batailles de Rocroy, de Nordlingen
et de Lens et que Turenne a obtenu les beaux succès
à la fin de la guerre de Trente ans, ou ceux qui ont
amené la délivrance de l'Alsace. Ses dernières opérations contre Montecuccoli se peuvent peut-être
comparer au jeu d'échecs ; mais c'est un jeu serré
et qui tient de l'art de la guerre au plus haut degré.

« Dans la période suivante, les batailles d'Hochstett,
de Turin, d'Oudenarde et de Malplaquet, gagnées
par le prince Eugène de Savoie et par Marlborough,
n'étaient pas des rencontres imprévues, non plus que
le brillant retour offensif de Denain, où Villars sut
réparer en un jour toutes les défaites essuyées depuis
plusieurs années. Les belles victoires gagnées par le
maréchal de Saxe à Fontenoy, à Raucoux et à Law-
feld n'étaient pas non plus le résultat du hasard, et
il faudrait y mettre bien de la bonne volonté pour
voir des rencontres imprévues dans les batailles du
vainqueur de Rosbach et de Leuthen.

« Napoléon n'avait donc pas à rompre avec la rou-
tine de ses prédécesseurs ; il avait à les étudier, à les
imiter, en s'efforçant de les perfectionner. C'est ce
qu'il a fait, car, loin de professer pour eux du dédain,
au contraire, il les admirait, et il ne s'est pas fait
faute de proclamer que c'était la seule manière de
devenir grand capitaine. Les opérations de Maillebois, pendant la guerre de la Succession d'Autriche,
sur l'Apennin et sur le Pô, lui étaient connues lorsqu'il a fait la campagne d'Italie et il avait pu méditer

les opérations de Turenne en Allemagne, lorsqu'il combina, en 1805, son mouvement du Rhin au Danube, et peut-être eût-il évité Leipzig s'il se fût mieux inspiré des opérations de Frédéric pendant la guerre de Sept ans. Gardons-nous de dénigrer les grands hommes de guerre du passé, parmi lesquels la France a la meilleure part. Ce sont eux qui ont fait la grandeur de notre pays et il n'est pas certain qu'il n'y ait autant à apprendre dans leurs exemples que dans ceux de Napoléon. »

Il est évident que, écrasés par la prodigieuse fortune militaire de Napoléon, beaucoup de Français n'ont plus eu une juste notion des choses de la guerre. Quant aux conceptions personnelles de Napoléon, il est facile de voir que, non seulement elles n'ont pas été perceptibles à la plupart, mais que les esprits se sont faits une théorie napoléonienne de la guerre qui eût causé au vainqueur d'Iéna un certain ébahissement. « En somme, concluait le colonel Grouard, Napoléon est un éclectique qui a pris son bien partout où il le trouvait, plus brillant, plus grandiose que ses devanciers, mais s'inspirant d'eux, tout en mettant partout le cachet de sa puissante originalité. S'il n'a pas de système pour livrer ses batailles, cela ne veut pas dire qu'il agisse sans principes. Mais ce ne sont que des principes généraux qui indiquent des conditions à remplir pour bien conduire les opérations et dans lesquels ne sont pas comprises des solutions toutes faites.

« En stratégie, l'idée dominante est celle de la liaison des forces, de manière qu'elles puissent toujours se soutenir mutuellement, mais cela n'empêche pas la diversité des opérations. Quand c'est possible, Napoléon vise toujours les communications de ses adversaires avec leur base d'opérations, soit avant la bataille, comme à Marengo, à Ulm et à Iéna, soit à la suite des premiers succès, comme après Montenotte, après Abensberg et dans les opérations qu'il a conduites en Espagne. D'autres fois, n'étant pas assez fort pour imposer son initiative à ses ennemis, il se sert de la liaison de ses forces pour combattre successivement les diverses fractions de ses adversaires qui se divisent, comme en 1796, sur l'Adige, en 1813 et en 1814. D'ailleurs, l'application de ces principes ne doit pas conduire infailliblement à la victoire. Après en avoir tiré les plus brillants résultats, de 1796 à 1809, Napoléon s'est trouvé en défaut en 1813 et en 1815.

« En tactique, son principe est d'être le plus fort sur le point décisif du champ de bataille ; il a appliqué ce principe partout où il a pu le faire, mais il fallait chaque fois trouver ce point, véritable clef du champ de bataille ; pour cela il s'engage partout, puis il voit (comme le disait Napoléon à Gouvion-Saint-Cyr à Dresde, avant Bautzen) ; la difficulté est de voir juste quand on n'a pas deviné à l'avance les projets de son adversaire, comme à Austerlitz et à Friedland. »

C'est à dessein que nous avons donné ces deux longues citations, qui résument avec force des vues générales sur le plus grand capitaine des temps modernes. Il faudra manœuvrer pour avoir raison des Allemands ; il y a lieu de se demander si les idées que nous avons examinées, ne sont pas les plus aptes à assurer le succès définitif, et si leur interprète et leur critique ne mérite pas un juste retour des choses.

XVIII

En mémoire d'un officier philosophe, le capitaine Octave de Sam-
pigny, tué à l'ennemi, dans les Vosges
alsaciennes, le 4 mai 1915.

Nous voici au bout de cette causerie sur une
intelligence militaire, entourée par une véritable
conspiration et inconnue depuis vingt-cinq ans de la
plupart des Français, officiers ou simples citoyens.
Je m'excuse d'avoir lassé la patience de nombreux
lecteurs ou confrères qui ont dû trouver mon insis-
tance bien saugrenue, quand il y a beaucoup de
choses, captivantes par leur inexactitude, à présenter
aux compatriotes avides de nouvelles.

Après dix mois de guerre, à une heure où la force
de l'adversaire est contenue sur certains points,
débordante sur d'autres, où la carte de l'Europe des
Congrès et des idées révolutionnaires compte les
jours qui la séparent d'un bouleversement profond,
nous avions laissé, quelques semaines, les événements
pour nous occuper d'un monument élevé dans le
silence ! Nous ne sommes pas certain d'avoir réussi
à montrer la puissante originalité et la simplicité

d'une pensée dominatrice de la guerre. Dans une nation qui ne croyait plus à la guerre, qui, malgré beaucoup de sacrifices et de souffrances, n'y croit peut-être pas encore comme il faut, c'est un peu étrange de pouvoir dire que la France compte un esprit de la plus haute science militaire. Certes, le labeur du colonel Grouard a une apparence sévère ; mais cette apparence n'est-elle pas faite pour tenter l'intelligence de nos généraux et de nos armées? On peut paraître surpris de cette proposition, car beaucoup ne voudront pas croire que l'œuvre du colonel Grouard ait été presque délaissée. Des rives de l'Aisne, un officier dont la réputation ancienne a été récemment consacrée à nouveau, nous a pourtant écrit, à propos de l'auteur de *la Stratégie :* « Sa grande valeur reste ignorée! »

Si je devais dire ici quelles sont les questions qui m'ont été posées, de tous les coins de la France, au sujet des ouvrages du colonel Grouard, je n'aurais pas fini de tresser une couronne à l'étonnement. Une conception française supérieure de la guerre, en face de l'Allemagne qui a eu son siècle de guerres heureuses et dirigées, voilà une observation qui remplira l'âme des pensées les plus rudes. N'est-ce pas la première condition de l'effort de sentir que, d'abord, il faut s'amender soi-même? Eh bien, nous dirons de la guerre que, si nous n'avions pas lu le colonel Grouard, nous sommes bien convaincu que nous n'y comprendrions rien du tout. Ce sont là des

phrases! Mon Dieu, de quelle autre ressource veut-
on user, dans une faible position, à une époque où
la crédulité a fait des dieux à chaque carrefour? Les
phrases ont gouverné la France et nos intelligences
depuis un siècle, mais si le lecteur nous reprochait
d'en être esclave, qu'il se jette donc sur les livres du
colonel Grouard : là, il ne trouvera pas d'artifices,
mais une inflexible leçon. Il y a quarante ans que le
colonel écrit, et il semble que nous l'ayons pour
ainsi dire découvert. Quel peut être le sens de la
faiblesse de l'écho qu'a rencontré un travail qui voit
de haut tout ce que la guerre, considérée en elle-
même, inspire aux hommes de métier et aux vrais
patriotes?

L'énigme n'est pas résolue. Les raisons, qui font
que cette énigme se pose, ont été données. Le colonel
Grouard attache un faible prix au bruit; il a voulu
seulement prévenir l'esprit de ses camarades et celui
de la nation. C'est le 4 avril 1915 que sa plume
traçait, pour un militaire du front, ces lignes : « *Il
faut des principes, de la méthode pour trouver le
défaut de la cuirasse. Tout bien considéré, entre la
guerre actuelle et celle de Napoléon, il n'y a pas plus
de différence qu'entre les procédés des généraux de la
Succession d'Espagne et ceux qu'employaient Condé
et Turenne. Dans les deux cas, c'est la fortification
improvisée, la guerre de tranchées en opposition à la
guerre de mouvements. A partir de Malplaquet (1709),
pendant trois ans, il n'y a pas eu une seule bataille*

entre Villars et ses adversaires Eugène et Marlbo-
rough. Chacun se trouve impuissant vis-à-vis des posi-
tions retranchées de son adversaire ; mais, un beau
jour, Villars trouve le joint, et la seule journée de
Denain répare toutes les pertes des années précédentes.
Je ne suis pas sûr que l'on ne puisse procéder d'une
manière analogue [1]. »

Cet équilibre de l'esprit, cette science du rappro-
chement historique, il n'est pas donné à tout le
monde de les posséder à un tel degré. Dans ce cas,
ce qu'il y a de mieux à faire, c'est de demander à
celui qui a su lire dans les guerres de se mettre du
jeu. Sous l'empire de cette idée, après avoir pris
l'avis de quelques esprits posés, abstraction faite de
tout ce qui ne correspondait pas à un intérêt vital,
nous avons adressé avec les garanties d'usage, une
lettre au ministre de la Guerre. Dans cette lettre dont
nous sentions la gravité et la nécessité, nous faisions le ministre juge des raisons qui nous avaient
guidé. Avec le plus ardent respect pour la mission
que les circonstances confèrent à un ministre français,
nous demandions qu'on attachât une minute d'attention aux vœux que nous formulions, en insistant
pour que le signataire soit laissé de côté et pour
qu'on ne tienne compte que des intentions. Nous
pensions même obtenir une réponse négative, dans
le cas où, vu notre faible compétence dans la direc-

---

[1] Il est vrai que les institutions que Villars avait derrière lui : la
monarchie de Louis XIV, permettaient une fructueuse patience.

tion de la Défense nationale, des raisons supérieures
aux nôtres existaient. Cette réponse négative nous
aurait convaincu que nous pouvions avoir mal jugé.
Nous avons trouvé un silence absolu. C'est pourquoi,
nous avons entrepris cette chétive revue de l'œuvre
du colonel Grouard, pour tâcher d'en faire apprécier l'utilité actuelle.

Nous ne craignons pas de dire que les conceptions
du colonel Grouard sont les reflets les plus fidèles
des conceptions des grands capitaines. Les com-
plexités de la guerre européenne, la multiplicité des
théâtres d'opérations, tout appelle une pensée stratégique supérieure. Il apparaît de plus en plus évident
que la victoire ne peut être acquise qu'à la nation
qui aura le concours actif et écouté de cette pensée. Si, par quelques côtés, la guerre de 1915 soulève de nouvelles questions, nous dirons que ces
questions regardent les moyens d'exécution, mais
que nulle part elle ne porte atteinte à des nécessités
et à des règles que l'on retrouve dans toutes les
guerres.

Enfin, sens des choses, témoignage du caractère et
de la pensée de celui que nous saluons ici une fois de
plus, tandis que l'armée française lutte contre l'invasion, le colonel Grouard vit retiré dans une ville de
Normandie au nom historique ! Là, le vigoureux
septuagénaire consacre ses facultés et son expérience
à l'achèvement des travaux commencés avant la
guerre, car il pense, en vue de l'avenir de la plus

grande et seule France, que les « Annales militaires de la Patrie » ne sont jamais trop fouillées.

Puisse l'œuvre ouvrir les yeux de la génération qui monte !

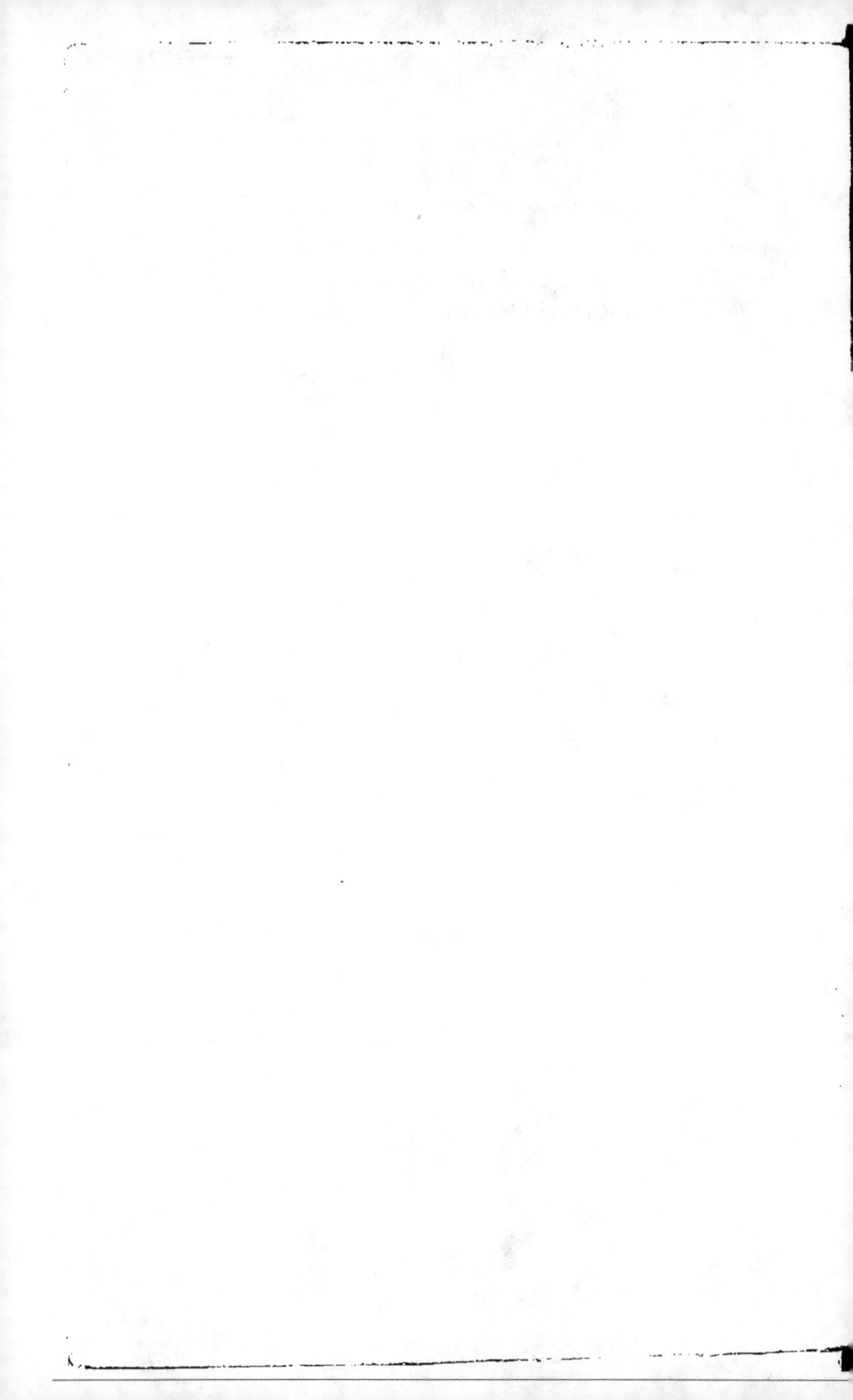

OEUVRES

DU

COLONEL GROUARD

EXTRAITS

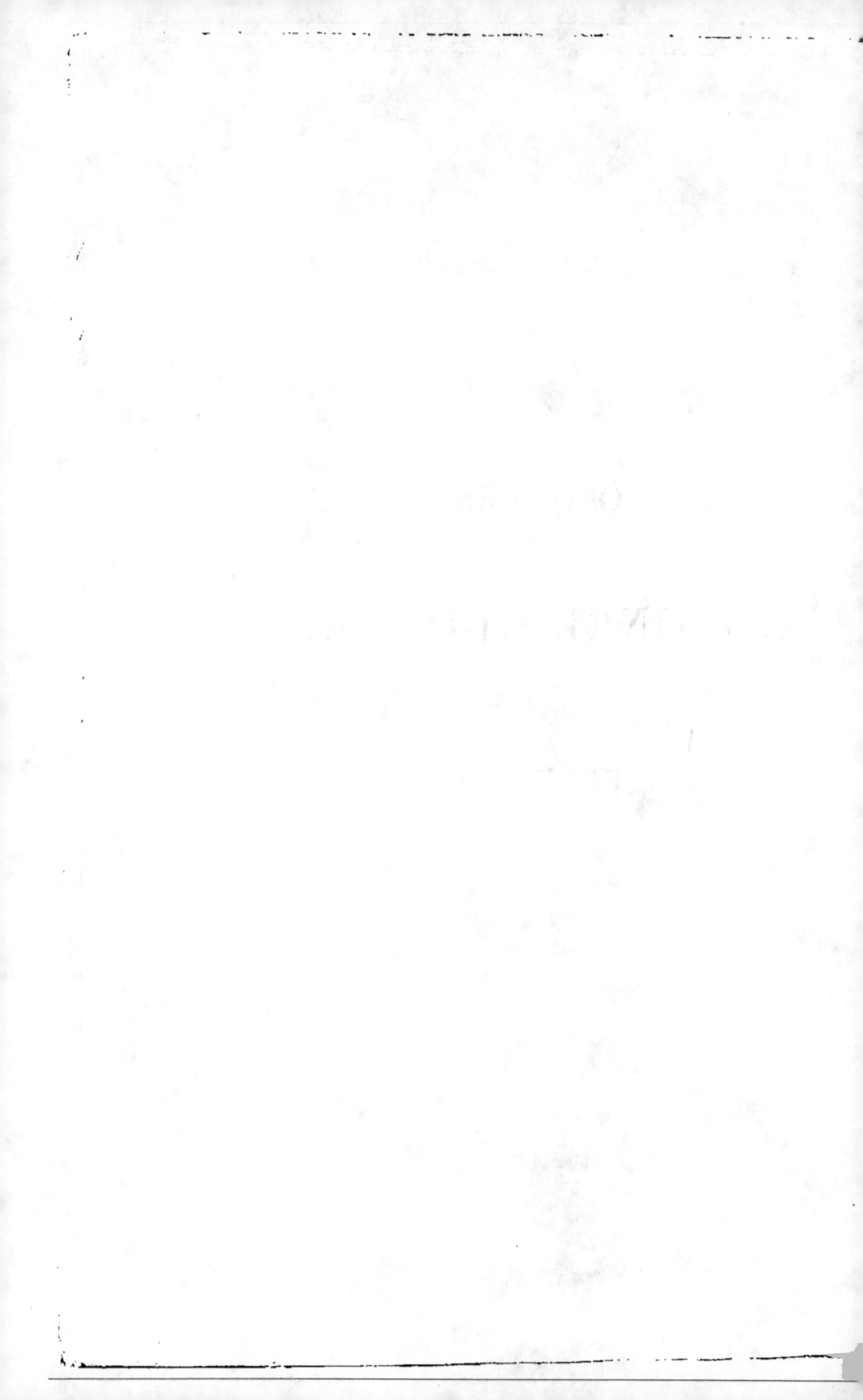

LE CARACTÈRE MILITAIRE

Depuis plus de vingt ans j'ai publié, principalement dans le *Journal des Sciences militaires*, de nombreuses études d'art et d'histoire militaires, sous la signature A. G., ancien élève de l'École polytechnique ; pour la première fois, le lecteur trouvera, en tête de celle-ci, mon nom, en toutes lettres. Il en est beaucoup à qui cette innovation n'apprendra pas grand' chose, car il y a longtemps que l'on a écrit que c'était le secret de polichinelle ; quelques-uns même, en France et à l'étranger, ont cru pouvoir le dévoiler sans ambages. Je crois néanmoins devoir dire en quelques lignes pourquoi, jusqu'à présent, je me suis retranché derrière mes initiales.

Jusqu'au mois de mai dernier, j'étais en activité de service et par conséquent n'ayant le droit de rien publier sans autorisation. Or, je n'ai jamais cru devoir en demander, parce que c'eût été renoncer à l'indépendance, que j'ai toujours considérée, avec l'impartialité, comme les conditions essentielles de toute étude de critique historique.

Il est bien certain, par exemple, que si, quand M. de Freycinet était ministre de la guerre, j'avais demandé l'autorisation de publier mon ouvrage sur *le Blocus de Paris et la première armée de la Loire*, on ne me l'aurait accordée qu'en exigeant de profondes modifications aux-

quelles je n'aurais jamais consenti. Lorsqu'il y a quelques années, j'ai été appelé à l'état-major général par le
général de Miribel. je n'ai pu faire imprimer la troisième partie de cet ouvrage qu'en y atténuant certains
jugements, sinon dans le fond, du moins dans la forme.
Tant qu'il n'y avait sur la couverture que des initiales,
on pouvait paraître ne pas connaître l'auteur ; si l'on y
eût trouvé mon nom, ce n'eût pas été possible.

Quelques-uns, qui savent où toutes ces études m'ont
conduit, sont peut-être d'avis que j'aurais mieux fait de
rester tranquille, ou tout au moins d'ajourner mes
publications, imitant en cela le général Thomas, qui
s'est contenté de remplir son sac pendant qu'il était en
activité pour ne le vider qu'une fois en retraite.

C'eût été sans doute plus habile, mais on ne change
pas sa nature ; m'étant fait, par l'étude de l'histoire,
quelques idées précises sur certains principes de guerre
et les croyant justes j'ai pensé non seulement pouvoir,
mais devoir les produire, estimant que chacun devait
apporter sa pierre (suivant ses moyens) à l'œuvre de
régénération de l'armée française.

Au surplus, je ne me suis jamais fait d'illusions sur
le sort qui m'était réservé, sachant depuis longtemps
que le savoir et même les services rendus ne jouent
qu'un rôle secondaire dans les questions d'avancement,
qui dépendent avant tout des relations des officiers et de
la tournure de leur caractère.

Il y a plus de vingt ans que, faisant dans une École
d'artillerie un cours d'histoire militaire qui a été auto-
graphié, j'y disais, en m'adressant aux jeunes officiers
qui étaient appelés à le suivre :

« Aucun de nous, sans doute, n'aura jamais à appliquer les principes que l'histoire militaire met en évidence ; mais disons-nous bien qu'il vaut mieux n'être
rien, sachant et pouvant beaucoup, que d'être appelé à

jouer un grand rôle lorsqu'on en est incapable. Dans
le premier cas, on passe inaperçu, lorsqu'on aurait pu
briller dans le monde ; dans le second, on lègue son
nom à la postérité, mais en y attachant la honte d'avoir
conduit son pays aux abimes. Qui pourrait hésiter entre
ces deux destinées ? Soyons donc à la fois patriotes et
philosophes. »

Voilà ce que je pensais en 1878 ; j'ai conformé ma
conduite à cette manière de voir. N'ayant pas d'illusions,
la manière dont j'ai été traité ne m'a causé aucune
déception et, tout bien considéré, je crois bien que si
c'était à recommencer, j'agirais encore de même.

On ne s'étonnera pas qu'avec ces idées, quoique
n'ayant plus rien à prétendre, je continue les études
que j'ai entreprises ; il s'en faut qu'elles soient termi-
nées. Aussi, si celle-ci est la première que je signe de
mon nom, il est probable que ce ne sera pas la dernière [1].

QUELQUES TÉMOIGNAGES [2]

Vos études de stratégie ont un but essentiellement
utile et m'ont fort intéressé. Je vous remercie de l'envoi
de vos trois brochures.

Général CHANZY.

16 mai 1882.

Maintenant qu'on m'a fait des loisirs, je lirai avec

---

[1] *Comment quitter Metz en 1870 ?* Paris, Chapelot, 1901. Texte de
l'avertissement.

[2] Ces approbations, choisies parmi beaucoup d'autres, figurent en
tête de la nouvelle édition des *Maximes de guerre de Napoléon*, Paris,
1898, librairie L. Baudouin.

grand plaisir les choses si intéressantes que vous publiez, et je suis sûr que j'en tirerai grand profit.

[Général de MIRIBEL.

23 septembre 1882.

Le Général Berthaut vous envoie son livre (*Principes de stratégie*. Il est très désireux de connaître votre appréciation, d'autant plus que vous êtes, à son avis, un des rares officiers qui comprennent la stratégie.

X...

11 novembre 1881.

J'ai lu vos études de stratégie avec un vif intérêt. Vous touchez aux questions les plus hautes, aux problèmes les plus délicats de l'art de la guerre. Vous les jugez sainement, en vous appuyant sur les exemples les plus frappants, et vous exposez vos idées avec logique et clarté.

HENRI D'ORLÉANS, DUC D'AUMALE.

2 novembre 1883.

J'ai pris un immense intérêt à vos études, dans lesquelles vous apportez un sens si droit et d'où vous faites découler les vrais principes aussi clairs qu'eau de roche. Toutes ces brochures, si remarquables, me confirment que votre place serait celle de professeur d'art militaire à l'École supérieure de guerre. Je le souhaite dans l'intérêt de l'enseignement élevé à donner à nos officiers.

Général LALLEMAND.

15 février 1887.

1

OBJET DE LA STRATÉGIE
ET SES PRINCIPES

COLONEL GROUARD

I

OBJET DE LA STRATÉGIE ET SES PRINCIPES

La stratégie, dans son ensemble, a pour objet la combinaison des mouvements qui conduisent à la bataille ou qui, au contraire, l'évitent ou la retardent. C'est donc, en somme, l'art de diriger les opérations en dehors du champ de bataille, en s'efforçant d'amener la lutte dans les conditions les plus favorables tant au point de vue du nombre que de la situation respective des armées. C'est en réalité la manière de voir de Jomini et aussi de Clausewitz ; car sur ce point, l'un et l'autre sont d'accord pour reconnaître que tout ce qui se produit sur le champ de bataille est du ressort de la tactique[1].

Ce point bien établi, nous dirons que la stratégie comporte un certain nombre de règles qui ont été mises en évidence par les campagnes des grands capitaines et qu'on ne doit jamais perdre de vue dans la conception et l'exécution des opérations militaires. C'est à l'en-

---

[1] Préface de l'*Invasion*, pages VII et VIII.

semble de ces règles que nous donnons le nom de *stratégie positive*. Mais il faut bien comprendre qu'elles ne
renferment pas toute la stratégie. Nous voulons dire que
ce sont des conditions auxquelles on doit s'efforcer de
satisfaire, mais qu'il ne suffit pas d'en tenir compte
pour établir un bon projet d'opérations et que, pour y
arriver, il faut encore s'inspirer d'autres considérations.

DIVISIONS DE LA STRATÉGIE.

Avant d'arrêter les dispositions à prendre pour conduire l'armée à la bataille, on aura à décider s'il faut
rechercher de suite cette bataille, s'il n'est pas préférable de la retarder, s'il convient de prendre l'initiative
des opérations ou de voir venir l'adversaire ; ensuite, si
l'on est résolu à pénétrer sur le territoire de l'ennemi et
qu'on dispose de plusieurs lignes d'opérations possibles,
tout en sachant qu'il faut en choisir une principale, il
reste à trouver celle qui est préférable : si l'on veut se
concentrer avant la bataille, il reste encore à trouver le
point exact de concentration le plus avantageux. Toutes
ces questions sont en dehors de la stratégie positive ; on
les résoudra par des considérations d'ordre moral autant
que par un juste emploi des moyens matériels. Ce qui
caractérise cette partie de la stratégie c'est qu'elle ne
peut pas être réglementée ; elle met en relief les éléments du succès sans permettre de préciser d'une manière générale la part d'influence qu'il convient d'attribuer à chacun d'eux.

. . Il faut remarquer que la stratégie positive a le même
objet que celle qui ne l'est pas et qui est celui de la stratégie tout entière : déterminer les dispositions à prendre
pour amener les armées à la bataille dans les conditions
les plus favorables. Seulement, parmi les considérations
qui servent à la détermination de ces dispositions, il en

est de deux sortes : les unes que l'on ne doit jamais
perdre de vue, aussi bien dans la conception que dans
l'exécution des opérations, elles appartiennent à la stratégie positive ; les autres, au contraire, sont des données
incertaines, variables avec les circonstances qui tiennent
à la situation de l'ennemi, à ses habitudes, à sa valeur
morale et sur lesquelles on n'a jamais que des renseignements incomplets. C'est en faisant intervenir ces derniers éléments que l'on fait ce que l'on peut appeler de
la stratégie spéculative [1].

LA LOGISTIQUE.

Quant aux dispositions à prendre pour l'exécution des
mouvements que l'on a combinés, ce n'est plus de la
stratégie proprement dite, mais de la logistique.

Or, qu'est-ce au juste que la *logistique* ? C'est encore
un point sur lequel il serait utile de s'entendre, d'autant
plus qu'il faut reconnaître qu'il s'agit d'une expression
que, dans ces derniers temps, on a mise de côté, ce qui
pourrait faire croire qu'elle ne répond plus à aucune
réalité de la guerre contemporaine. Il en était tout autrement pendant la période qui a suivi les guerres du premier Empire, spécialement en France, où l'on avait
adopté les divisions de Jomini sur l'art de la guerre.

Jusqu'en 1870, on parlait couramment de logistique
dans l'armée française. « Après le 26 août, dit le maréchal Canrobert [2], chacun reprit ses positions, il y eut
alors beaucoup de désordre, la partie *logistique* n'était pas
ce qui brillait le plus dans les ordres que nous avons
reçus. »

En réalité, les questions qui étaient du ressort de la

[1] Préface de l'*Invasion*, page x.
[2] Déposition au cours du procès Bazaine.

logistique sont aussi bien à considérer aujourd'hui qu'il y a quarante ans ; seulement on leur a donné un autre nom, sans doute pour faire croire que l'on avait inventé quelque chose de nouveau. A notre avis, ce besoin de néologisme ne se faisait nullement sentir et nous croyons qu'il serait préférable de reprendre l'expression de logistique, à la condition de bien s'entendre sur sa signification.

Nous dirons à ce sujet que, tandis que la stratégie a pour objet la combinaison des mouvements des armées en dehors du champ de bataille, celui de la logistique est de faire connaître les moyens à employer tant pour déterminer ces combinaisons que pour en assurer l'exécution. L'une et l'autre s'appliquent donc à la même phase des opérations ; on peut même admettre que la logistique est une partie de la stratégie, mais il faut bien entendre néanmoins qu'elle a son objet propre [1].

Nous disons donc en somme que la stratégie positive et la logistique sont deux parties de l'art de la guerre qui se tiennent et se complètent. On peut dire qu'elles sont inséparables, tout en ayant des objets différents.

Mais si nous croyons utile d'appeler l'attention sur la nécessité de les distinguer d'une manière précise, ce n'est pas seulement parce qu'elles répondent, au point de vue théorique, à des divisions rationnelles de l'art de la guerre ; c'est autant parce que, dans la pratique, elles exigent des aptitudes profondément distinctes et qui ne sont pas forcément réunies chez les mêmes hommes.

DANS LA PRATIQUE.

Par cette raison même que la stratégie n'est qu'à moitié positive, l'application qu'il convient de faire de

---

[1] Préface de l'*Invasion*, pages x et xi.

ses principes présente les plus grandes difficultés. Outre que les données des problèmes à résoudre sont le plus souvent incertaines et incomplètes, il faut, en faisant la base de ses combinaisons, faire en même temps entrer en jeu les habitudes et les tendances de ses adversaires et s'efforcer de prévoir les dispositions qu'ils prendraient dans des circonstances déterminées ; il faut aussi apprécier sainement la valeur totale des armées en présence, ce qui n'est pas la même chose que leur valeur numérique, et savoir par exemple que, dans certaines circonstances, telle fraction de l'armée ennemie tiendra jusqu'à la dernière limite, tandis que telle autre cédera au premier choc. En 1796, les dispositions de Napoléon reposaient sur ce qu'il savait des habitudes des généraux autrichiens ; à Austerlitz, il avait deviné les projets des chefs de l'armée austro-russe, comme s'il eût pris part à leurs délibérations ; en 1815, son plan de campagne tenait compte non seulement de ce qu'il savait de la répartition des forces adverses, mais tout autant des caractères distincts de Wellington et de Blücher. Autrement dit, la stratégie pratique est un art autant qu'une science, et c'est pour cela qu'il n'y a jamais eu qu'un petit nombre d'hommes capables de conduire les armées.

Il en est tout autrement de la logistique ; par le fait qu'elle est tout entière une science positive, elle est accessible à nombre de bons esprits qui, sans sortir de l'ordinaire, ont certaines qualités d'ordre, de travail, de ponctualité et sont capables de faire des calculs exacts qui, quoique d'importance secondaire, sont néanmoins nécessaires pour assurer l'exécution des dispositions que la stratégie a arrêtées dans leur ensemble.

GÉNÉRAL EN CHEF ET CHEF D'ÉTAT-MAJOR.

C'est justement pour que les chefs d'armée soient

débarrassés de l'étude de ces questions d'ordre secondaire mais essentielles et pour qu'ils puissent vouer tous leurs soins à la direction suprême des opérations, qu'on leur donne un état-major chargé des détails d'exécution.

D'après cela, on peut donc dire que si l'application des principes de la stratégie est l'affaire des généraux, la logistique, qui a pour objet les moyens d'exécution, est celle de l'état-major. Il faut ajouter que si les fonctions d'un général et de son chef d'état-major sont distinctes, elles se tiennent et ne sont pas indépendantes.

En réalité, ils doivent vivre dans une collaboration incessante, en évitant de comprendre leurs attributions d'une manière étroite, tout en se rendant bien compte qu'en principe elles sont distinctes et que si l'on est souvent porté à les confondre, cela tient à ce qu'on a confondu d'abord les principes et les moyens, c'est-à-dire la stratégie et la logistique.

Or, c'est une confusion des plus regrettables, car elle tend à faire croire qu'il suffit d'avoir rendu de bons services dans les états-majors pour être apte à remplir les fonctions de général [1].

LA MÉTHODE POUR ÉTUDIER LA STRATÉGIE

La première question à résoudre en abordant l'étude de la stratégie est de savoir quelle méthode il convient de suivre.

Il en est deux qui se trouvent en présence : la méthode

[1] Préface de l'*Invasion*, pages XII et XIV.

dite rationnelle et la méthode historique ; mais je ne
rappelle la première que pour mémoire, car on ne peut
pas hésiter un instant à choisir la seconde si l'on considère qu'elle est recommandée par tous les grands généraux qui ont écrit sur l'art de la guerre. Il va de soi
que j'entends par grand général celui qui a gagné des
batailles par des moyens comparables à ceux de ses
adversaires, et non celui qui a spéculé à perte de vue
sur l'art de la guerre en partant de données *a priori*
n'ayant aucun rapport avec la réalité.

La méthode historique.

Or, le jour où l'on pourra citer un grand général disant
qu'il s'est formé par la méthode rationnelle, et sans
avoir étudié les campagnes de ses devanciers, on pourra
être tenté de se demander ce que vaut cette méthode ;
mais tant qu'elle ne sera recommandée que par des généraux qui non seulement n'ont pas gagné de bataille, mais
qui n'en ont même jamais livré, tandis que les grands
capitaines affirment que la méthode historique est la
seule bonne, on ne peut avoir un moment d'hésitation ;
il serait, à la rigueur, permis d'écarter l'autre, même
sans aucun examen.

Mais, en dehors de cette considération, il en est une
autre qui conduit aussi au choix de la méthode historique et qui est tirée de la valeur même des principes
de l'art de la guerre. Ce qui en fait le caractère particulier, c'est que ces principes ne sont pas absolus et
qu'ils ne valent que par l'application qu'on en fait selon
les circonstances. La guerre est une science et elle a ses
lois ; mais c'est une science d'observation et non une
science de raisonnement. Ce qui ne veut pas dire que le
raisonnement n'y a pas sa place, mais qu'on doit s'en
servir à la manière des physiciens et des géomètres. Les

lois ne sont pas absolues; elles sont au contraire relatives à la nature humaine. Elles sont contenues dans les exemples des grands capitaines.

Après les avoir trouvées par l'étude des faits, on peut bien chercher à les expliquer en partant des propriétés des forces qui sont en jeu, mais il faut refuser tout crédit à une théorie qui ne serait pas en parfait accord avec l'histoire. Les études historiques seules peuvent donc mettre en relief la vraie valeur des principes en montrant dans quelles circonstances et dans quelle mesure on peut s'en écarter en évitant les dangers auxquels on s'expose toujours quand on n'en tient pas compte ; mais encore faut-il bien savoir comment l'étude de l'histoire peut conduire à ces résultats. Si l'on se contente d'apprendre les faits sans les approfondir ou les méditer, il n'y a aucun enseignement à en tirer; on peut même en ne jugeant que les apparences, être amené à conclure qu'il n'y a pas de règles à suivre dans la conduite des opérations militaires.

Ainsi, voulant se rendre compte des propriétés des lignes intérieures, si l'on se contente de remarquer qu'en 1796 Bonaparte et l'archiduc Charles en les utilisant ont obtenu les plus brillants succès, tandis qu'en 1813 leur emploi a conduit Napoléon à sa perte ; qu'en 1814, il en tire de nouveau des résultats merveilleux ; tandis qu'en 1866, les Prussiens ont été conduits à Sadowa par des procédés contraires, on peut être amené à conclure que la pratique de ce système d'opérations n'offre aucun avantage, et que même elle présente de grands dangers.

Mais en approfondissant le sujet on est amené à de toutes autres conclusions.

L'analyse des événements montre pourquoi les plans d'opérations semblables dans leur principe, ont échoué dans certaines circonstances et réussi dans d'autres ; on est alors amené à bien comprendre que le résultat d'une opération militaire n'est pas contenu seulement dans sa conception générale, mais aussi et surtout dans les dispositions que l'on prend chaque jour pour la réaliser ; que ces dispositions doivent remplir certaines conditions qu'il n'est pas permis de négliger sans perdre tout le bénéfice que le système contient lui-même en germe. Autrement dit, on voit bien, par l'étude approfondie de l'histoire, les inconvénients de l'emploi des lignes intérieures en même temps que leurs avantages, et l'on apprend que, dans certaines circonstances, il y a un grand profit à en tirer, tandis que dans d'autres on doit éviter de s'en servir.

DES QUALITÉS REQUISES POUR ÉTUDIER L'HISTOIRE MILITAIRE.

Mais pour que l'étude de l'histoire militaire puisse conduire aux vrais principes, il faut, avant tout, qu'elle soit faite avec une entière bonne foi. Thiers, dans la remarquable préface du douzième volume du *Consulat et de l'Empire*, considère l'*intelligence* comme la première qualité de l'historien. Il est certain que ce n'est que par l'intelligence que l'historien peut démêler la vérité dans une série d'événements qui ne paraissent pas toujours s'enchaîner d'une manière bien claire. Sans cette qualité précieuse, il ne peut pas saisir le vrai sens des études historiques ; mais encore faut-il qu'il le veuille. Il faut qu'il désire véritablement voir clair dans des situations parfois obscures ; et, s'il veut convaincre les autres, il faut qu'il commence par se convaincre lui-même. Cette recherche consciencieuse des causes, des responsabilités, c'est la *probité* de l'historien. Or, si cette qualité est aussi nécessaire que l'intelligence pour arriver à présenter les événements de l'histoire sous leur véritable aspect, on peut affirmer qu'elle est tout aussi rare.

Trop souvent, en exposant des faits, un auteur n'a pour but que de présenter une thèse politique ou sociale et des doctrines qui pourraient peut-être se trouver dans les conclusions de l'ouvrage, en forment en réalité les prémisses.

Quand, surtout, l'esprit de parti s'en mêle, on n'a rien à attendre de l'esprit de justice de l'historien. C'est pour cela que les mêmes événements sont présentés par plusieurs auteurs non seulement d'une manière différente, mais on peut dire opposée.

Chacun sait avant d'avoir étudié les faits ce qu'il en conclura ; il n'a pas de doute sur ce qu'ils doivent prouver et il ne cherche pas à savoir ce qu'ils prouvent véritablement.

Dans une histoire de Napoléon, certains n'auront pour but que de montrer le tyran, et ils négligeront tout ce qui ne se rapporterait pas à leur thèse..

D'autres, dans une histoire de la Révolution, ne voudront voir que les infamies de la Terreur.

Sans doute l'historien doit se proposer de juger les événements qu'il raconte ; s'il doit s'affranchir de l'esprit de parti, il ne doit pas se dépouiller de l'esprit de justice. Mais, pour apprécier les événements, il faut les envisager d'un point de vue élevé et ne pas se laisser dominer par une doctrine étroite, qui souvent, diffère, autant de la vérité que la mode du jour s'éloigne du sentiment du beau.

Pour envisager les faits de l'histoire avec un esprit libre et dégagé des préjugés de son époque, il faut une raison supérieure, et, au fond, cette probité de l'historien, sans laquelle l'impartialité n'est pas possible, n'est pas seulement une qualité morale, mais intellectuelle. C'est en réalité comme la sagacité, une autre forme de l'intelligence et de la nature la plus élevée.

Et si cette qualité est nécessaire pour l'étude de l'histoire générale, on peut dire qu'elle est surtout indispensable pour celui qui veut tirer de l'histoire les principes de l'art de la guerre.

Il faut qu'il ait assez de liberté d'esprit pour aborder les événements sans idées préconçues, et même lorsqu'on se trouve en présence d'un capitaine comme Napoléon, il faut éviter de se laisser éblouir par sa prodigieuse carrière, et chercher à bien pénétrer ce qu'il y a au fond de ses campagnes et de ses écrits [1].

DES MAXIMES DE NAPOLÉON.

Nous allons porter notre attention sur quelques-uns des préceptes qu'il a recommandés, après les avoir presque toujours pratiqués ; sans doute, leur seule origine nous conduit à être convaincu de leur importance, mais l'examen attentif d'un certain nombre d'événements où ces préceptes se sont trouvés en jeu, seul nous montrera leur exacte signification, leur vraie valeur et dans quelles limites il est parfois permis de s'en écarter.

On peut affirmer, du reste, que ce point de vue était celui de Napoléon ; car, s'il a émis de nombreuses maximes sous une forme générale, ce n'a jamais été qu'à l'occasion de faits particuliers.

On a pu réunir depuis toutes ces maximes en les isolant des opérations qui les avaient provoquées ; en agissant de la sorte, on leur a ôté leur principal intérêt, car on les a séparées de leur démonstration. Nous voulons agir à l'inverse, et, à propos de chacune d'entre elles, rappeler non seulement les opérations que Napoléon avait en vue de critiquer en l'exprimant, mais un certain nombre d'autres auxquelles elle s'applique. Au lieu de

[1] *Maximes de guerre de Napoléon I⁻ʳ*, pages XXII à XXVI.

supprimer la démonstration, nous la rendrons ainsi plus complète. Et, chemin faisant, nous verrons que certains généraux ont pu violer les règles et néanmoins obtenir la victoire.

Nous n'en conclurons pas que ces préceptes sont sans importance, mais seulement que leur application est essentiellement relative aux circonstances dans lesquelles on se trouve.

Mais il est clair que l'histoire seule peut conduire à de pareilles conclusions, et c'est ce qui explique comment les grands capitaines sont unanimes à en recommander l'étude comme seule capable de développer les aptitudes que quelques hommes ont reçu de la nature.

Je dirai encore que si l'étude de l'histoire militaire est la seule capable de faire connaître la vraie valeur des principes, c'est en même temps, pour les esprits méditatifs, une sorte de gymnastique qui les prépare à l'étude des problèmes qu'ils peuvent avoir eux-mêmes à résoudre.

Lorsqu'on étudie une campagne d'une manière approfondie, on est amené, non seulement à considérer les événements qui se sont produits, mais encore ceux qui auraient pu se produire.

Les situations militaires se dénouent rarement d'une manière forcée, et lorsque l'on examine les causes des défaites des armées, on est conduit à se demander ce qu'il aurait fallu faire pour les éviter. On se trouve ainsi en présence de problèmes semblables à ceux que les généraux ont à résoudre dans la réalité, et c'est sans aucun doute le meilleur moyen de se préparer à trouver rapidement les solutions que comportent les situations les plus diverses.

C'est en la comprenant ainsi que l'étude de l'histoire

militaire se confond avec l'étude de la stratégie elle-
même.

Non seulement elle met en relief les principes et
en fait saisir la juste signification, mais en même temps
elle dispose les esprits bien doués à en faire une application judicieuse [1].

Principes et moyens.

Après les *principes* viennent les *moyens*, c'est-à-dire les
procédés qui servent à déterminer les combinaisons de
la stratégie et à en assurer l'exécution. Autrement dit,
c'est ce que Napoléon appelait la partie matérielle de
l'art de la guerre, par rapport à la partie divine; c'est à
cette partie que Jomini donnait le nom de *logistique*,
expression qu'on a rejetée sans motif dans ces derniers
temps, pour grouper toutes les questions qu'elle comprend sous le nom de *tactique positive*.

Pour nous, qui estimons que la tactique n'a rien à
faire dans ces questions, nous croyons préférable de conserver l'expression de logistique, en entendant qu'elle
s'applique plus spécialement aux moyens de la stratégie
dont elle forme une subdivision. L'élément scientifique
y prend de jour en jour une plus grande part; aussi,
tout en ne perdant pas de vue les exemples du passé,
nous croyons qu'à la différence de l'étude des principes,
celle des moyens peut être faite par la méthode rationnelle; autrement dit, on peut partir des propriétés
essentielles des moyens pour rechercher comment il convient de les utiliser.

Il faut d'ailleurs reconnaître que cette partie de l'art
de la guerre est celle qui a été le mieux étudiée depuis
vingt ans. Autant on a négligé, on peut même dire

---

[1] *Maximes de guerre de Napoléon Ier*, pages xxvii et xxviii.

affecté de dédaigner les principes, autant on s'est appliqué
à l'étude des moyens. Pour bien des gens, c'est là qu'est
toute la guerre contemporaine, c'est dans les moyens de
la stratégie, comme dans ceux de la tactique, qu'est le
secret de la victoire. C'est là une conception de l'art de
la guerre qui me paraît absolument erronée. L'application des principes aura peut-être plus que jamais une
importance décisive, car la combinaison supérieure des
mouvements des armées aura d'autant plus d'influence
sur les résultats, qu'il sera plus difficile d'y atteindre en
raison de l'accroissement des effectifs. Toutefois, on ne
peut nier l'importance des moyens.

Aussi, tout en regrettant qu'on ait cru devoir mettre
de côté les lois de la guerre révélées par les exemples du
passé, doit-on, au contraire, se féliciter, autant que des
perfectionnements apportés à l'armement des troupes,
qui est le moyen principal de la tactique, de tous ceux
qu'ont reçus les moyens de la stratégie.

Or il est certain que toutes les questions relatives aux
marches, aux stationnements, aux ravitaillements ont
fait depuis vingt ans d'immenses progrès. Loin de le
nier et d'en contester l'utilité, nous dirons même que
les questions de logistique doivent en tout temps former
le fonds principal de l'enseignement officiel, parce que
ce sont les seules qui soient à la portée de tous et aussi
celles que les officiers d'état-major sont appelés à traiter
journellement.

Mais, en s'en tenant à ce niveau, on reste dans les
limites de ce que l'on peut appeler l'enseignement secondaire, et l'on ne peut donner le nom d'enseignement
supérieur qu'à celui qui comprend l'étude des principes
mêmes par l'histoire [1].

---

[1] *Maximes de guerre de Napoléon Ier*, pages xxxix et xl.

Inspiré par ces méthodes, le colonel Grouard étudie trois maximes qui, d'après lui, font ressortir le caractère essentiel de la stratégie napoléonienne :

TROIS MAXIMES DE GUERRE DE NAPOLÉON Ier

« L'art de la guerre indique qu'il faut tourner ou déborder une aile sans séparer l'armée. »

* *

« C'est un principe qui n'admet pas d'exception que toute jonction de corps d'armée doit s'opérer en arrière et loin de l'ennemi. »

* *

« Une armée ne doit avoir qu'une ligne d'opérations. »

OBSERVATION GÉNÉRALE.

Pour peu qu'on réfléchisse à ce qu'il y a d'essentiel dans les trois maximes de Napoléon, que nous venons d'étudier, il est facile de se rendre compte que si elles ne s'appliquent pas aux mêmes circonstances, elles procèdent néanmoins d'une même idée que l'on peut considérer comme le caractère fondamental de la stratégie napoléonienne. Cette idée est la nécessité d'assurer la liaison de toutes les forces appelées à agir sur un même théâtre d'opérations, de manière qu'elles soient toujours en mesure de se soutenir. Qu'il s'agisse des préliminaires de la bataille et des dispositions à prendre pour la livrer, ou des mouvements qui y conduisent, Napoléon tient à ce que les forces appelées à y concourir soient groupées de telle sorte qu'aucune force ennemie ne puisse s'intercaler entre elles. C'est pour cela qu'il faut tourner ou déborder une aile *sans séparer l'armée*, que toute jonction de corps d'armée doit s'opérer *en arrière et loin de l'ennemi* et qu'une armée ne doit avoir *qu'une ligne d'opérations*.

Mais il faut remarquer que ce principe n'est pas lui-même une idée primordiale, je veux dire qu'il a sa raison d'être dans une autre idée qui touche de plus près aux conditions à réaliser en livrant une bataille décisive.

Cette idée est celle d'*assurer la simultanéité des efforts*. Ce n'est qu'à cette condition, en effet, que l'on pourra tirer parti de toutes les forces dont on dispose, car si elles n'étaient pas en mesure d'agir ensemble, les diverses fractions de l'armée risqueraient de se faire battre, l'une après l'autre, par un ennemi inférieur en nombre et même en valeur militaire.

Assurer la simultanéité des efforts pour la grande bataille : tel est donc le principe fondamental de toute bonne stratégie ; principe si manifeste qu'il n'est pas de général ou d'écrivain militaire qui ait essayé de le contester.

Ceux-là mêmes qui ont opéré avec des corps séparés ne perdaient pas de vue la nécessité de se battre ensemble, mais ils espéraient combiner leurs mouvements avec assez de précision pour entrer en ligne au même moment.

De plus, avec cette manière de procéder, ils se proposaient d'arriver sur l'ennemi de front, de droite et de gauche, c'est-à-dire de réunir aux avantages de la simultanéité des efforts celui qui pouvait résulter de la menace d'un enveloppement.

Ce qui distingue la stratégie de Napoléon, c'est qu'il ne croit pas à l'efficacité de ces mouvements combinés à distance et, s'il tient à la liaison des forces, c'est parce que pour lui c'est la seule manière d'assurer la simultanéité des efforts.

Il est clair, en effet, qu'en agissant autrement on peut réussir si l'ennemi nous laisse faire, mais qu'on risque d'échouer si l'ennemi se porte sur un de vos corps avant leur réunion, et c'est là le danger des mouvements exécutés en présence de l'ennemi par des corps éloignés les uns des autres.

Motifs de Napoléon.

Quand Napoléon dit qu'il faut tourner ou déborder une aile sans séparer l'armée, c'est parce qu'il est à craindre que l'ennemi ne tombe avec des forces supérieures sur le corps chargé du mouvement tournant en se dérobant au gros de l'armée, comme il est arrivé à Liegnitz, à Maxen et à Kulm.

Mais, si l'ennemi ne bouge pas pendant les mouvements préparatoires ou s'il est surpris par le mouvement tournant, la manœuvre peut très bien réussir et produire tous les résultats qu'on en attendait, comme cela a eu lieu à Crevelt, à Wilhelmsthal, à Hohenlinden et à Sedan. La violation de cette maxime, comme de tous les principes militaires, ne comporte donc pas de sanction en elle-même. Les conséquences dépendent de ce que fait l'adversaire.

C'est pour de semblables raisons que Napoléon regarde comme règle, que toute jonction de corps d'armée doit s'opérer en arrière et loin de l'ennemi, parce qu'il est à craindre que l'ennemi ne tombe, avec des forces supérieures, sur une des colonnes avant la jonction avec les autres.

9

Il en est encore de même des risques que courent les armées qui se portent à l'ennemi par deux lignes d'opérations, comme Jourdan et Moreau en 1796.

Mais, si l'adversaire attend l'attaque sans bouger, l'emploi des lignes d'opérations multiples ne conduit pas à la défaite à laquelle on s'expose en s'en servant; c'est ainsi que les Autrichiens ont été battus à Sadowa, malgré l'éloignement des lignes d'opérations des Prussiens.

Les exemples historiques montrent donc que, parfois, on a obtenu *la simultanéité des efforts* sans la liaison préalable des forces appelées à concourir à la bataille; mais, dans bien d'autres circonstances, la division des forces a amené leur défaite, même par des armées inférieures; et, dans tous les cas, on peut dire que quand les armées divisées ont évité la défaite, elles s'y sont du moins exposées, à moins d'être très supérieures à leur adversaire, ou d'être à peu près certain qu'il les laisserait faire. C'est pour cela que Napoléon proscrit absolument les mouvements par corps séparés ; il aime mieux renoncer à l'enveloppement que de risquer de voir ses corps battus les uns après les autres.

LA LIAISON DES FORCES.

Si, pour Napoléon comme pour tout le monde, la simultanéité des efforts est le but, ce qui le distingue essentiellement, c'est que, pour lui, la liaison préalable est le seul moyen d'y atteindre dans tous les cas.

C'est donc là l'idée primordiale d'où procèdent les trois maximes, et si l'on veut se convaincre qu'avant d'en proclamer l'importance sous des formes variées Napoléon s'est toujours laissé guider par cette idée, il suffit de jeter un coup d'œil rapide sur la suite de ses campagnes[1].

[1] Cet extrait est tiré des *Maximes de guerre de Napoléon Ier*, pages 177 à 180.

Ce qui résulte de l'étude des campagnes de Napoléon, c'est que l'idée de la liaison des forces est bien celle qui domine toutes ses opérations.

C'est pour lui une règle invariable quand l'ennemi viole cette règle, il en profite pour attaquer et battre successivement ses corps séparés. Dans tous les cas, il manœuvre de manière à l'inviter à se désunir, pour saisir ensuite ses points faibles et produire la division de ses forces.

LIGNES INTÉRIEURES.

Mais il est manifeste maintenant que le principe des *lignes intérieures*, n'est pas autre chose au fond que celui de la liaison des forces.

Quand le théâtre d'opérations, dans son ensemble, se subdivise naturellement en plusieurs théâtres secondaires, il faut, pour assurer la liaison des diverses fractions de l'armée, être maître des communications les plus directes, c'est-à-dire ce que nous appelons les *lignes intérieures*, seulement on a pour habitude de n'employer l'expression de lignes intérieures que lorsque les forces qui se lient entre elles par les communications les plus courtes se trouvent au milieu d'armées opposées qui se proposent de les attaquer sur plusieurs points plus ou moins éloignés les uns des autres, et en ne communiquant entres elles que par l'*extérieur* de la zone d'opérations dont on est maître, parce que c'est surtout dans ces conditions que la possession des lignes intérieures est avantageuse. On peut donc dire que la liaison des forces est un principe plus général et indépendant des dispositions de l'ennemi, qui, de son côté, peut agir de même, tandis que la pratique des lignes intérieures n'en est qu'un cas particulier qui suppose que l'on opère contre un ennemi dont les forces sont séparées. Je dirai encore d'une autre manière, et pour préciser davantage, que la liaison est une mesure de précaution et de prudence que l'on prend pour soi-même et afin d'éviter d'être battu en détail, tandis que par l'emploi des lignes intérieures on profite de cette liaison pour battre séparément les diverses fractions d'un ennemi qui se divise, et c'est ainsi que dans bien des circonstances une armée a pu obtenir de grands succès sur un adversaire plus fort qu'elle [1].

Si l'on examine de près les diverses campagnes dans lesquelles Napoléon a utilisé les lignes intérieures, on est amené à mettre en relief une autre condition de l'emploi des lignes intérieures qu'il faut ajouter à celles que nous avons déjà signalées et qui est aussi un des caractères de la stratégie de Napoléon [2].

Cette condition, c'est la rapidité des mouvements.

La force d'une armée, a dit Napoléon, *comme la quantité de mouvement en mécanique, s'évalue par le produit de la masse par la vitesse* [3].

CARACTÈRE ESSENTIEL DE LA STRATÉGIE NAPOLÉONIENNE.

Ce qui résulte, en somme, de toutes les considérations que nous venons de présenter en passant rapidement en revue toutes les campagnes de Napoléon, c'est qu'elles reposent avant tout sur deux idées : la liaison des forces et la rapidité des mouvements, idées qui se tiennent si

---

[1] *Maximes de guerre de Napoléon Ier*, pages 213 à 215.

[2] *Maximes de guerre de Napoléon Ier*, page 216.

[3] Napoléon, campagne d'Italie de 1796 et 1797 ; 2ᵉ observation. Dans la première édition des *Maximes de guerre de Napoléon Ier*, c'était le texte de la « quatrième maxime » ; on en trouve des développements abondants dans la brochure intitulée *La perte des États et les camps retranchés*.

bien qu'on peut dire que la seconde est le complément et la condition nécessaire à réaliser pour que la première porte tous ses fruits.

Il faut lier ses forces parce que c'est la seule manière d'assurer la simultanéité des efforts, condition fondamentale du succès, et il faut les mouvoir rapidement, parce que c'est le moyen de profiter de la division des forces ennemies pour les battre séparément. Tel est donc le caractère essentiel de la stratégie napoléonienne[1].

LA BATAILLE[2]

Depuis le début des opérations jusqu'au moment de la bataille, on devra avoir présentes à l'esprit les maximes de guerre que nous venons d'étudier.

On ne voit pas bien à présent comment les observations que nous venons de présenter, et qui s'appliquent aux batailles du passé, cesseraient d'être vraies pour l'avenir, sous le prétexte que les effectifs seront beaucoup plus considérables. Il n'est pas admissible, en effet, que chaque armée d'opération livre isolément sa bataille. Ce serait manquer au principe de la liaison des forces et s'exposer à voir détruire ses armées successivement.

Il y aura donc plusieurs armées qui concourront à la bataille. Or les principes que nous venons de rappeler ne s'appliquent, en réalité, qu'à une seule armée, je veux dire à un ensemble de forces qu'un seul général peut diriger effectivement pendant la bataille. Je crois que cette considération est tellement importante qu'elle doit servir à définir les armées d'opérations et à limiter

---

[1] *Maximes de guerre de Napoléon Ier*, page 222.

[2] *Maximes de guerre de Napoléon Ier*, pages 275 à 283.

leurs effectifs. Tandis que, dans les opérations stratégiques, l'action du généralissime peut s'étendre à toutes
les forces actives d'un pays. dès qu'on entre dans le domaine de la tactique, l'influence du chef suprême ne
peut plus se faire sentir d'une manière prépondérante, si
l'effectif total de l'armée dépasse un certain chiffre.

Il ne s'agit plus en effet de combiner à loisir des mouvements sur la carte, d'après les renseignements que
l'on a reçu sur la situation de l'ennemi ; mais de conduire la lutte d'après la nature du terrain, en utilisant,
pour le mieux, les propriétés des armes, et en profitant
rapidement de toutes les opérations favorables qui se
présentent.

On peut dire que, tandis qu'en statégie on se détermine d'après ce que l'*on sait*, en tactique on se détermine
d'après ce que l'*on voit*.

Il faut donc que toutes les forces que commande un
général soient bien dans sa main, de manière qu'il
puisse leur communiquer assez rapidement ses instructions pour qu'elles puissent être exécutées en temps utile.

... Le rôle du généralissime est prépondérant pendant les
opérations stratégiques. il devient sinon annihilé, du
moins secondaire sur le champ de bataille. Dès que le
chef suprême aura amené les diverses armées à la bataille, de manière à assurer la simultanéité de leurs
efforts, il assignera une tâche à chaque armée, puis il
n'aura plus qu'à laisser faire.

*
* *

Les principes à suivre, au point de vue de la conduite
générale de la lutte, sont toujours ceux de Napoléon. On
cherche *à être le plus fort à un moment donné sur un point
donné*. La grosse affaire, ce sera de bien choisir ce point,

et on ne pourra y arriver qu'après une première lutte, dont le caractère sera justement de permettre de bien juger la situation. *Pour cela, on s'engagera partout, puis on verra.*

Et sur la question des déterminations à prendre entre deux jours de bataille, l'influence du généralissime se retrouve tout entière. Ce sera à lui surtout qu'il appartiendra de profiter des résultats de la première bataille pour arrêter les dispositions de la seconde.

S'il a bien vu, ce sera à lui de juger où il faut *être le plus fort.* Et alors il pourra disposer des réserves stratégiques qui sont en route depuis la veille de la première bataille et qui commencent à arriver pendant qu'elle se livre. On les a mises en mouvement dès que l'on est fixé sur la région où se livrera la bataille ; il s'agit maintenant de les porter sur le point où l'on veut être le plus fort.

Dès que la lutte recommencera, le généralissime n'aura plus encore qu'à reprendre son rôle de spectateur. Une fois qu'il a déterminé le rôle de ses armées, il ne peut plus intervenir dans le développement de l'action que dans des conditions exceptionnelles, parmi lesquelles on peut cependant en prévoir quelques-unes. Pour se rendre compte de l'opportunité de son intervention, il faut admettre avant tout la nécessité de la liaison des forces.

Non seulement cette liaison doit exister comme dans les mouvements stratégiques, mais elle doit être beaucoup plus intime. Il ne s'agit plus seulement de se relier par des communications, mais bien par le contact immédiat, sans quoi on ne pourrait assurer la simultanéité des efforts. Il ne suffit pas que chaque grosse unité *sache* quelle troupe elle a à sa droite ou à sa gauche, mais il faut qu'elle les *voie* à côté d'elle, luttant et progressant

en même temps qu'elle. A défaut d'autres raisons, il
suffit d'avoir assisté à quelque grande manœuvre pour
être convaincu de cette nécessité.

Or, supposons une bataille livrée avec trois armées
d'opérations et que l'on soit résolu à faire le principal
effort par l'armée de droite. Avec une pareille hypothèse,
nous croyons que la place du généralissime est nettement
déterminée. Elle sera près du point de jonction de
l'armée de droite et de celle du centre. Il peut arriver
que le général en chef de l'armée de droite, pour exécuter son programme, soit amené à appuyer de plus en plus
à droite, de manière à déborder l'aile ennemie qui lui
sera opposée. Comme, en principe, il doit assurer les
liaisons dans sa propre armée, il en résultera que, en
appuyant à droite, sa gauche se trouvera affaiblie, et
peut-être même se produira-t-il un intervalle vide entre
l'armée de droite et celle du centre. Le généralissime,
prévenu de cette situation même avant qu'il ait pu la
constater *de visu*, aura pour mission de remplir le vide
qui va se produire, et pour cela il faut qu'il ait à sa portée des corps de réserve.

Or, on peut remarquer que, dans les conditions que je
viens de supposer, l'entrée en ligne de ces corps de
réserve pourra même décider de la victoire. Si, en effet,
l'ennemi, pour parer au mouvement débordant dont il
est menacé, étend sa gauche, il s'affaiblira vis-à-vis de
l'intervalle de nos deux armées, et si, de son côté, il n'a
pas pris préalablement des mesures pour se renforcer
sur ce point, l'entrée en ligne de notre corps de réserve
poussé vivement en avant pourra rompre la ligne ennemie.

Voilà donc une des manières de livrer bataille : inviter l'ennemi à prolonger une aile en s'affaiblissant au
centre, et rompre ce centre par l'intervention de fortes

réserves. Ce serait, en réalité, la manœuvre d'Austerlitz sur une grande échelle [1].

L'IMPORTANCE DES PRINCIPES

L'époque actuelle comporte certainement des modifications, mais ce serait une erreur de croire qu'il faille reprendre en sous-œuvre la science militaire et ne plus tenir compte des événements antérieurs. Il y a quelques règles qui sont immuables; ce sont celles-là qu'il faut connaître, sauf à en varier l'application, en se disant bien que *si les moyens changent, les principes restent...*

Ceux que nous avons étudiés sont certainement du nombre des plus importants.

Il y a sans doute, dans les écrits de Napoléon d'autres préceptes qui se recommandent à l'attention des militaires. C'est une mine riche qu'on peut exploiter longtemps avant de l'épuiser. Nous avons voulu tout d'abord nous attacher à quelques filons qui nous ont paru particulièrement précieux, afin d'en bien faire saisir le prix, qui trop souvent a été méconnu dans notre pays. Nous avons réuni ces maximes, parce que par leur ensemble, elles nous paraissent comprendre ce qu'il y a de plus essentiel et de plus caractéristique dans le système de guerre de Napoléon. On peut dire qu'elles ont été la base de ses combinaisons et le secret de ses triomphes.

Ce qui ressort de cet ensemble, c'est qu'en envahissant un pays il faut n'avoir qu'une grande ligne d'opéra-

---

[1] C'est justement la manœuvre, signalée par le colonel Grouard en 1897, qui a été exécutée par le général Foch à la bataille de la Marne et qui a déterminé la victoire de l'armée française.

tions ; que la concentration de l'armée doit se faire loin
de l'ennemi ; que, pour livrer la bataille, il faut se réunir avant le combat ou ne pas se séparer si l'on est
réuni ; enfin, qu'en toute circonstance, il importe de se
mouvoir vite et qu'on perd une partie de sa force en restant immobile.

Ces principes procèdent, en somme, de deux idées
simples : la première, qu'en toute circonstance de guerre
les diverses fractions d'une armée doivent rester liées
ensemble ; la seconde, que la force des armées réside
dans leur mobilité autant que dans leur masse.

Se mouvoir vite en restant uni, tel est, en somme, le
précepte qui, en contenant ces deux idées fondamentales, résume les quatre maximes que nous venons d'étudier. En en exprimant de cette façon la substance essentielle, nous ne voulons que mettre en relief les idées
simples qui les dominent ; mais nous ne prétendons nullement substituer cette formule à celle de Napoléon, ni,
surtout, faire croire qu'il suffit de l'avoir présente à
l'esprit pour en apprécier la juste signification. Rien ne
dispense jamais de l'étude des faits, qui, seule, peut faire
connaître tout ce que contient une maxime de guerre et
rien que ce qu'elle contient.

Ainsi que nous l'avons déjà fait remarquer, Napoléon
s'est bien gardé de faire un livre de maximes. On les
trouve dispersées dans de précieux commentaires qu'il
nous a laissés sur l'art de la guerre ; et, tout en formu-
lant les principes d'une manière simple et précise, il
ajoute que l'étude de l'histoire est seule capable de mettre
en mesure de les bien appliquer.

On ne saurait trop le répéter, la partie matérielle de
la guerre seule s'apprend en travaillant ; quant à la partie divine, elle exige l'éclair du génie ; mais rien n'est
plus capable de le faire jaillir que l'histoire. « Lisez,

relisez sans cesse, dit Napoléon, les campagnes d'Anni-
bal et de César, de Gustave-Adolphe et de Turenne, du
prince Eugène et de Frédéric, c'est la seule manière de
devenir grand capitaine et de surprendre les secrets de
l'art de la guerre. »

C'est là que se trouvent les aliments dont doivent se
nourrir ceux qui sont appelés au commandement des
armées; et si, au lieu d'en faire une étude superficielle,
ils s'efforcent de l'approfondir, ils verront toutes les con-
tradictions apparentes se résoudre en une doctrine
simple et claire qui, le jour venu, sera le fil directeur
qu'ils devront suivre imperturbablement; car on peut se
rappeler, à ce sujet, le mot de Bonaparte à Campo-For-
mio, et le modifier en disant : « *Les principes de l'art de
la guerre brillent dans l'histoire comme le soleil sur l'horizon; tant pis pour les aveugles qui ne savent pas voir*[1]. »

[1] *Maximes de guerre de Napoléon I*er, pages 294 et suivantes.

II

LA STRATÉGIE NAPOLÉONIENNE
EN 1813 ET 1815

II

LA STRATÉGIE NAPOLÉONIENNE
EN 1813 ET 1815

I. — 1813.

En étudiant les maximes de Napoléon, rappelées ci-dessus, le colonel Grouard a montré comment Napoléon lui-même les avait appliquées dans ses plus brillantes campagnes ; ensuite, il a examiné d'une manière spéciale les campagnes de 1813 et de 1815, en s'efforçant de faire ressortir les causes qui ont mis en défaut la stratégie napoléonienne.

On peut dire qu'en rapprochant les éléments de la lutte de ses résultats, on se trouve en présence d'un véritable paradoxe scientifique dont je me suis proposé de trouver l'explication.

... Après avoir arrêté, quelques jours avant la fin de l'armistice, ses vues générales sur la manière de conduire la campagne qui allait s'ouvrir, Napoléon avait, le 13 août, rédigé ses instructions et, en communiquant ses idées aux maréchaux Ney, Macdonald, Gouvion-Saint-Cyr et Marmont, il leur disait :

« Voici le parti que j'ai pris. Si vous avez quelques observations à me faire, je vous prie de me les faire librement. »

Ces instructions faisaient connaître les dispositions de

Napoléon. Après en avoir pris connaissance, Ney et Macdonald répondirent qu'ils ne pouvaient qu'approuver les dispositions de l'Empereur, et qu'ils s'en fiaient à la supériorité de son génie pour être convaincus que la nouvelle campagne qu'ils allaient entreprendre serait pour eux une source de lauriers. Mais il n'en fut pas de même des deux autres maréchaux.

GOUVION-SAINT-CYR.

Gouvion-Saint-Cyr était un des premiers hommes de guerre d'une époque qui en a produit plus qu'aucune époque. Dès les premières années des guerres de la Révolution, on avait pu apprécier son coup d'œil, son sang-froid et son savoir-faire sur le terrain. Il devint rapidement un tacticien hors ligne.

En 1795, par ses habiles dispositions, il avait sauvé l'armée devant Mayence; l'année suivante, à l'armée de Moreau, il décidait la victoire d'Ettlingen et pendant la retraite jouait le rôle principal à la bataille de Biberach. En 1799, malgré le triste état de l'armée d'Italie, battue à Novi et à Genola, il avait su protéger Gênes contre des forces très supérieures, en attendant l'arrivée de Masséna, et en 1800, se retrouvant à l'armée de Moreau, en Allemagne, il avait de nouveau obtenu un brillant succès à Biberach.

Au moment de l'avènement de l'empire, après Kellerman pour Walmy, après Jourdan pour Wattignies, Fleurus et toute la campagne de 1794, après Masséna pour Rivoli, Zurich et Gênes, nul n'avait autant de titres à la reconnaissance du pays et aux récompenses que le nouveau chef de la France distribuait avec tant de libéralités ; cependant Saint-Cyr ne fut pas compris dans la première promotion de maréchaux, celle dont Masséna disait avec un ton quelque peu dédaigneux :

« Nous sommes quatorze » ; c'est que Saint-Cyr, avec des talents militaires de premier ordre n'était rien moins que courtisan.

Il avait été des premiers à courir à la frontière menacée, mais il pensait que l'armée était faite pour défendre la Patrie et non pas pour opprimer les autres nations. Il avait les vertus simples et fortes de ces armées du Rhin-et-Moselle et de Sambre-et-Meuse qui, après avoir refoulé l'invasion, nous avaient conquis nos frontières naturelles.

Sans se poser en adversaire du nouveau régime, il avait vu le 18 brumaire et l'avènement de l'empire sans enthousiasme.

Comme il était devenu général de division presque malgré lui, il n'encombrait pas les antichambres du nouveau souverain, à la recherche d'honneurs qui avaient pour lui peu d'attraits. Des mobiles d'une autre nature l'animaient, c'était simplement l'amour de la patrie et l'amour de l'art, deux passions également nobles qui, chez les natures élevées et fières, suffisent à mettre en jeu tous les ressorts de la sensibilité, de la volonté et de l'intelligence. Sa valeur militaire n'était pas faite d'une bravoure bouillante et instinctive, mais surtout d'un courage froid et réfléchi.

En un mot, ce n'était pas seulement un soldat, mais surtout un chef possédant à un haut degré toutes les qualités du commandement. Très pénétré d'ailleurs de son mérite, il était de ceux qui n'ont pas besoin de maître, et comme celui que la France avait acclamé ne cherchait que des serviteurs, il fut laissé de côté dans des situations secondaires. Cependant Napoléon savait apprécier ses talents et combien il était au-dessus de la plupart de ceux à qui il avait donné le bâton de maréchal.

Saint-Cyr aurait fait honneur à leur réunion, mais il n'avait pas besoin de cette dignité pour être un des premiers capitaines de l'Europe. Mis à la tête de l'armée de Catalogne, à l'automne de 1808, il y conduisit pendant un an une campagne qui est un chef-d'œuvre achevé de vigueur, de prudence et de savoir, et cependant ce fut l'occasion de sa disgrâce. Ayant su dire qu'on lui assignait une tâche impossible et qu'il n'essayerait pas de la remplir, il encourut le ressentiment de Napoléon qui, en lui enlevant son commandement, écrivit au ministre de la guerre une lettre fâcheuse, non pas pour la mémoire de Saint-Cyr, mais pour celle qui l'a dictée ; car elle montre que parfois l'Empereur traitait les questions militaires les plus délicates avec une légèreté que la malveillance explique, mais qu'elle n'excuse pas.

Saint-Cyr qui ne méritait que des éloges, fut puni et laissé à l'écart pendant deux ans, jusqu'à ce que, comme il le dit lui-même, « les embarras du Nord aient rendu nécessaires tous les hommes que l'on savait être prêts, lorsque la patrie pouvait avoir besoin de leurs services ».

Mis à la tête du corps bavarois, il entra en Russie avec la Grande Armée et s'y distingua aux deux batailles de Polotsk, dont la première, forçant enfin les répugnances de l'Empereur, lui valut le bâton de maréchal. Blessé au second de ces combats, il dut quitter l'armée ; mais après la retraite de Russie, quoique mal rétabli, il fut le premier à venir se mettre à la disposition du prince Eugène à Posen, tandis que la plupart de ses camarades revenaient à Paris à la suite de Napoléon.

On pense qu'un tel homme, en encourant l'antipathie de l'Empereur, avait dû susciter les jalousies de ses pairs et provoquer les sarcasmes de cette foule d'intrigants qui obtiennent les faveurs des puissants par la bassesse et la flatterie.

Son tort, à leurs yeux, était de ne pas adorer le dieu
du jour et d'avoir compris que sa politique extravagante
ne pouvait conduire finalement qu'à une catastrophe.
Convié à un festin somptueux, il avait gardé son sang-
froid lorsque les autres étaient en pleine griserie, et
c'est ce que beaucoup d'entre eux ne pouvaient lui par-
donner. Aussi ne pouvant contester ses talents, quelques-
uns ont voulu s'en prendre à son caractère. On l'a accusé
de laisser volontiers ses camarades dans l'embarras, de
n'intervenir que pour recueillir lui-même l'honneur de
la victoire.

Lorsque l'on suit de près sa glorieuse carrière, on voit
que le défaut de zèle ou d'empressement qu'on lui reproche a presque toujours pour cause des ordres mal
donnés par ses chefs. Il faut reconnaître cependant que
Saint-Cyr ne donnait toute sa mesure que lorsqu'il était
seul et qu'il était fait plutôt pour commander que pour
obéir. Mis en 1813 à la tête du XIVᵉ corps, il allait pour
la première fois opérer sous les ordres directs de Napoléon et souvent même sous ses yeux. On pense qu'avec
la tournure de son esprit, il devait regarder non seulement comme un droit, mais même comme un devoir,
de profiter de la liberté que l'Empereur lui donnait
pour lui faire connaître toute sa pensée. Il n'eut d'ailleurs
pas à répondre aux instructions écrites qui lui furent
transmises par le major général ; car il avait eu la veille
une longue conversation avec Napoléon et il lui avait
fait connaître en toute liberté ses idées sur la conduite à
tenir pendant la nouvelle campagne, et elles n'étaient
pas précisément conformes à celles de l'Empereur.

D'abord il avait émis l'avis que si les Autrichiens dé-
bouchaient de la Bohême, ce serait par la rive gauche
de l'Elbe, de manière à menacer les communications de
l'armée française avec le Rhin, tandis que Napoléon

s'attendait à une attaque par Zittau qui aurait eu pour but d'empêcher sa marche en Silésie.

Ensuite, Saint-Cyr soutenait qu'il était mauvais, en général, de prendre l'offensive sur plusieurs points éloignés les uns des autres, et, spécialement pour la circonstance, que Napoléon, voulant être prêt à livrer une bataille en Silésie ou aux frontières de Bohême, avait tort de pousser une de ses armées sur Berlin, et il prétendait qu'il eût été bien préférable de rester sur la défensive sur toute la ligne de l'Elbe, de manière à prendre l'offensive seulement en Bohême avec la masse principale de l'armée française. Ce n'est pas qu'il contestât les avantages de l'occupation de Berlin par les troupes françaises, mais il était d'avis que la capitale de la Prusse ne devait pas être de prime abord l'objectif des opérations d'une armée et que sa reprise serait la conséquence naturelle d'une bataille décisive gagnée n'importe où. Ayant écouté ces observations avec la plus grande attention, Napoléon ne crut pas devoir y répondre par une discussion en règle ; mais, ayant fait ses dispositions dans un autre but, il se contenta de dire qu'il était trop tard pour les modifier [1].

MARMONT.

Quant à Marmont, il avait, lui aussi, bien des objections à présenter au plan de l'Empereur. Le duc de Raguse n'avait ni les talents ni le glorieux passé de Gouvion-Saint-Cyr. Cependant les observations qu'il crut devoir exposer à Napoléon étaient remplies de vues judicieuses et même, sur certains points, véritablement prophétiques. Ce que Marmont blâme surtout, dans les dispositions de l'Empereur, c'est la division des forces

[1] *La Campagne d'automne de 1813*, pages 45 à 48.

françaises en plusieurs armées à peu près indépendantes, avec des chefs incapables de les commander, et c'est cette considération qui l'amène à terminer sa réponse à l'Empereur par la phrase suivante :

« Par la division de ses forces, par la création de trois armées distinctes et séparées par de grandes distances, Votre Majesté renonce aux avantages que sa présence sur le champ de bataille lui assure, et je crains bien que le jour où elle aura remporté une victoire et cru gagner une bataille décisive, elle n'apprenne qu'elle en a perdu deux. »

Il était difficile d'avoir une vue plus exacte de ce qui allait se passer, car c'était entrevoir par avance Grossbeeren et la Katzbach contrebalançant la victoire de Dresde.

Cependant, il ne faudrait pas en conclure que les dispositions de Napoléon aient été réellement mauvaises, et, tout en reconnaissant que les vues de ses contradicteurs méritaient sur bien des points d'être prises en considération, nous sommes d'avis que dans l'ensemble les projets de l'Empereur étaient parfaitement en rapport avec la situation et que, s'ils ont échoué, cela tient surtout à des fautes d'exécution [1].

NAPOLÉON ET SES PRINCIPES.

Il est permis de s'étonner que Napoléon n'ait pas été convaincu que, disposant en somme de forces notablement inférieures à ses adversaires, il ne devait pas prendre l'offensive partout à la fois. Il ne pouvait arriver à les vaincre qu'à la condition de se porter successivement contre leurs armées séparées. C'est là une des con-

[1] *La Campagne d'automne de 1813*, pages 49-50.

ditions essentielles de l'emploi des lignes intérieures,
car il est clair qu'en cherchant à en utiliser les avantages, on ne peut être fort partout en même temps. Or,
Napoléon tenant à avoir sous la main sa masse centrale
pour la porter soit contre l'armée de Silésie, soit contre
l'armée de Bohême, Oudinot ne devait avoir que des
forces insuffisantes et, par suite, l'offensive devait lui
être interdite. Nous pensons donc que Napoléon est vraiment responsable de la défaite de Grossbeeren, d'autant
plus qu'en dehors des raisons que nous venons d'en donner, l'offensive une fois résolue aurait pu être combinée
dans des conditions beaucoup plus avantageuses, à la
condition d'être seulement retardée.

Napoléon voulait y faire participer la division Girard
et le corps de Davout venant de Magdebourg et de Ham-
bourg. Or, il n'est pas possible de porter son attention
sur les dispositions arrêtées par Napoléon pour la marche
concentrique sur Berlin, d'Oudinot, de Girard et de
Davout, sans être confondu. Croirait-on que l'homme
qui a prescrit ces mouvements est celui qui a écrit
qu'*une armée ne doit avoir qu'une ligne d'opérations ; que
c'est un principe qui n'admet pas d'exception, que toute jonction de corps d'armée doit s'exécuter loin de l'ennemi et non
pas en sa présence,* que c'est lui aussi qui a tant critiqué
les généraux français de la guerre de Sept ans, les inva-
sions de la Bohême par Frédéric, les opérations de
Moreau et de Jourdan en Allemagne en 1796, et celles
de Wurmser et d'Alvinzi à la même époque, enfin celles
des généraux français en 1799, qui ont amené les défaites
de la Trebbia, de Novi et de Genola, pour avoir violé
ces préceptes ?

N'est-il pas manifeste, que ce qu'il reprochait à ces
divers généraux, il venait de le faire lui-même et, malheureusement pour nous, ce devait être l'occasion d'une

nouvelle confirmation des principes auxquels il semblait tant tenir[1].

Il faut donc attribuer la cause première de la défaite de Grossbeeren aux dispositions de Napoléon et il en est de même de celles qui ont amené le désastre de Kulm. Mais ce serait une erreur de conclure de l'insuccès de ces manœuvres, que la pratique des lignes intérieures, qui caractérise le système d'opérations que Napoléon voulait suivre est mauvais en lui-même. Au contraire, l'étude attentive des événements, l'analyse des causes qui ont amené les défaites de l'armée française, montrent que l'emploi de ce système donnait à Napoléon de grands avantages, et que, s'il eût tenu compte des conditions qu'il exige et notamment s'il se fût gardé de prendre l'offensive sur plusieurs points à la fois, et qu'en même temps il eût évité, dans l'exécution, des fautes qui n'en étaient nullement la conséquence, il aurait trouvé, dans la séparation des armées ennemies, l'occasion d'aussi beaux triomphes qu'en 1796[2].

Les opérations de la première période de la campagne sont donc loin d'avoir permis à Napoléon de prendre le dessus. La victoire de Dresde est largement compensée par les défaites de Grossbeeren, de la Katzbach et de Kulm. Ses forces commencent à s'épuiser, il n'a plus de réserve. Les ressources de ses ennemis continuent, au contraire, leur développement ; en outre, leur moral s'élève avec leur confiance dans le succès final.

LA SITUATION S'AGGRAVE.

Pendant la période suivante, il n'y a qu'un événement important, c'est la défaite de Dennewitz, éprouvée par

[1] *La Campagne d'automne de 1813*, pages 57-58.

[2] *La Campagne d'automne de 1813*, pages 66 et suivantes.

Ney qui avait remplacé Oudinot. Cette défaite aggravait
notablement la situation, car Ney n'allait même plus
être capable de contenir Bernadotte. Napoléon s'en rendait compte mieux que personne, cependant il reçut
l'annonce de ce nouveau malheur avec le plus grand
calme, sans récriminer contre son lieutenant, se contentant de mettre en relief les fautes qu'il avait commises
sur le champ de bataille par une critique aussi claire
que juste et précise, mais sans le moindre mouvement
d'humeur et en attribuant ces fautes aux difficultés de
l'art de la guerre dont les principes, disait-il, étaient
loin d'être connus.

Dialogue sur la guerre.

C'est à Pirna, où il était rentré le 8 au soir, revenant
des frontières de Bohême, qu'il put exposer ses observations en présence de Murat, de Berthier et de Saint-Cyr,
et bientôt, élargissant le sujet, ce fut l'occasion de ce
célèbre entretien sur les principes de l'art de la guerre,
que ce dernier a rapporté dans ses *Mémoires*, et où Napoléon se laissa aller à traiter le sujet avec une entière
liberté d'esprit et à un point de vue purement théorique,
comme si ses propres intérêts n'étaient en jeu au moment
même et n'avaient pas dépendu de l'application de ces
principes. Napoléon soutenait que s'il en avait le temps,
il ferait un livre dans lequel il démontrerait les principes d'une manière si précise qu'ils seraient à la portée
de tous les militaires, et qu'on pourrait apprendre la
guerre comme une science quelconque. Murat et Berthier se contentaient d'écouter, et pour cause ; mais
Saint-Cyr était de taille à soutenir la controverse. Il
n'hésita donc pas à dire que, sans doute, la composition
d'un tel livre était à désirer, mais que, pour lui, il avait
toujours douté que quelqu'un pût faire un pareil travail,

reconnaissant toutefois que, si c'était possible, aucun n'avait plus de droits que Napoléon à y prétendre. Il ajouta d'ailleurs, qu'à son avis, la pratique non plus n'était pas suffisante pour acquérir cette science ; que, notamment, les généraux de la Révolution, amis ou ennemis, n'avaient guère appris par l'expérience et que lui, Napoléon, en particulier, avait fait son chef-d'œuvre en 1796. L'Empereur reconnut que c'était vrai, ajoutant que, parmi les grands capitaines, Turenne seul s'était perfectionné avec l'âge.

Pour nous, qui cherchons surtout à nous rendre compte de la valeur des principes de l'art de la guerre, il est certain que rien n'est plus intéressant que cet échange d'idées entre deux militaires aussi expérimentés que les deux interlocuteurs. Il est en même temps curieux de voir qu'après vingt ans de guerre, ils soient arrivés à se faire en apparence des idées complètement opposées.

Mais, si l'on réfléchit, on est amené à se dire que leur contradiction provenait de ce qu'ils ne parlaient pas de la même chose. Napoléon parlait des principes, Saint-Cyr de leur application ; le premier de la conception des opérations, le second de leur exécution et, dans le fait, ils avaient raison tous les deux, chacun à son point de vue.

Les principes existent, comme le prétendait Napoléon, et doivent servir de base à toutes les combinaisons ; mais leur application est difficile, et c'est ce qui exige les aptitudes naturelles auxquelles rien ne peut suppléer, comme le soutenait Saint-Cyr. Ils se seraient entendus s'ils avaient davantage creusé le sujet, ou s'ils avaient eu un intermédiaire comme Jomini, qui n'était supérieur ni même égal, à beaucoup près à l'un ni à l'autre comme général, mais qui avait réfléchi plus qu'aucun des deux

sur la théorie de la guerre. Par ce temps de luttes inces-
santes, on n'avait pas le loisir de s'appesantir sur les doctrines ; chacun ne pouvait qu'utiliser pour le mieux les
facultés qu'il avait reçues de la nature ou le fruit de son
expérience. De sorte qu'à notre avis, les opinions de
Napoléon et de Saint-Cyr n'étaient opposées qu'en apparence. On peut ajouter que les événements qui se dérou-
laient au moment même auraient donné beau jeu à
Saint-Cyr, si, après avoir rappelé la campagne de 1796,
la bienséance lui avait permis de la comparer à celle de
1813. Il n'a sûrement pas manqué de faire cette comparaison en lui-même, mais il se serait d'autant mieux
gardé d'y faire la moindre allusion, que Napoléon disser-
tait avec autant d'affabilité que de naturel, se montrant,
dit le maréchal, aussi calme que s'il s'était agi de la
Chine, et cependant tout cela était dit à l'occasion de la
défaite de Dennewitz.

L'ERREUR DE DRESDE.

Il faut admirer, sans aucun doute, cette élévation
d'esprit de Napoléon ; mais malheureusement, tandis
qu'il jugeait d'une manière si lumineuse les opérations
des autres, il ne paraissait pas disposé à rien faire pour
échapper aux dangers dont lui-même était menacé [1].
Après comme avant Dennewitz, il voulut appuyer ses
opérations sur la place de Dresde, et, ayant fait une
nouvelle tentative infructueuse contre l'armée de
Bohême, il ne trouva rien de mieux à faire que de resserrer sa position autour de cette place. On doit reconnaître que la position d'observation qu'il prend au milieu
du mois de septembre était admirablement choisie, mais
il est clair qu'il ne pouvait en tirer profit qu'à la condi-

[1] *La Campagne d'automne de 1813*, pages 86-88.

tion d'être résolu à en sortir à bref délai pour se ruer avec toutes ses forces contre l'un de ses adversaires.

Au contraire, l'Empereur paraît disposé à rester indéfiniment dans cette position, se contentant de se montrer tantôt d'un côté, tantôt de l'autre, mais sans prononcer nulle part aucune attaque sérieuse. Il observe, il médite, il combine chaque jour de nouveaux plans, mais n'en exécute aucun.

On est confondu en pensant qu'une pareille détermination ait pu entrer un instant dans l'esprit de Napoléon. N'est-ce pas lui qui a écrit que *la victoire est aux armées qui manœuvrent; que la force d'une armée est dans sa vitesse autant que dans sa masse.* Et malgré les brillants succès que lui avait procurés tant de fois l'application de ces principes, le voilà amené à les renier.

COMMENT ON VA A LEIPZIG.

Nous ne sommes plus au temps de Marengo et d'Austerlitz.

Ce n'est plus Napoléon qui choisit son champ de bataille.

Il ira là où ses ennemis ont résolu de l'amener; quant à eux, ils y arriveront en marchant sur ses communications, comme lui-même faisait jadis à Marengo, à Ulm et à Iéna. Il y a toutefois une différence essentielle, c'est que Napoléon, pour se porter sur les communications de ses adversaires en 1800, 1805 et 1806, ne les tournait que d'un seul côté avec toutes ses forces bien liées ensemble, tandis qu'en 1813 les Alliés marchèrent sur Leipzig avec deux masses d'abord distantes de cinquante lieues. Avec ces procédés, ils visaient non seulement les communications de l'ennemi, mais aussi son enveloppement. En revanche, ils laissaient à Napoléon une dernière chance, c'était d'atteindre une de leurs

masses avant sa jonction avec l'autre et de réussir à les
battre successivement. Mais c'est son dernier atout; de
lui seul il peut espérer encore le gain de la partie, car
s'il laisse ses adversaires se réunir, l'issue de la lutte
n'est pas douteuse. Avec 150.000 hommes de moins, un
moral qui s'affaiblit tandis que celui des Alliés est
exalté, la partie sera perdue, sinon le premier jour de la
lutte, du moins le second [1].

Deux fautes.

Pendant la période qui a précédé la bataille de Leipzig, on peut reprocher deux fautes à Napoléon : la première, d'avoir abandonné Blücher au lieu de le suivre
sur la Saale; la seconde, d'avoir marché sur Leipzig au
lieu de s'en éloigner à tout prix [2].

Erreurs premières.

En somme, lorsque l'on s'efforce de juger ces événements avec une entière liberté d'esprit et sans se laisser
éblouir par le souvenir des succès qui avaient précédé
nos désastres, on est amené à reconnaître qu'avant tout
Napoléon s'est trompé sur deux points : d'abord dans
l'application des propriétés des lignes intérieures, et
ensuite au sujet du rôle que pouvait jouer une place
improvisée comme Dresde; puis il faut convenir que,
dans le cours de ses opérations, il y a bien d'autres imper-
fections à relever.

On l'a vu constamment hésiter, indécis à prendre un
parti comme si son esprit n'avait plus la même clairvoyance, ni la même résolution. Son attitude pendant le

[1] *La Campagne d'automne de 1813*, pages 102 et suivantes.
[2] *Idem*, page 142.

mois de septembre est par-dessus tout surprenante. Les opérations de cette période sont les moins décisives, mais on s'explique difficilement que Napoléon ait pu s'en tenir à ces allées et venues sans portée, en se laissant leurrer par les feintes de ses adversaires. De pareils procédés étaient tellement contraires à son passé, qu'il semble que l'inaction relative à laquelle il était conduit aurait dû suffire à lui montrer l'étendue de l'erreur qu'il commettait en voulant rester à Dresde. On ne reconnaît plus Napoléon dans cette campagne, dit Marmont; Saint-Cyr, de son côté, se demande ce qu'était devenu l'homme de Marengo [1].

LE DÉFAUT DE NAPOLÉON.

Reste à expliquer maintenant comment Napoléon, qui s'était montré si grand capitaine, aussi bien dans l'exécution des opérations que dans leur conception, a pu se laisser entraîner aux erreurs graves qui ont frappé ses manœuvres d'impuissance autour de Dresde pour le conduire ensuite à la catastrophe de Leipzig.

Nous dirons d'abord que l'imperfection est la règle générale de la nature humaine, et qu'il n'y a pas de raison pour que Napoléon y ait échappé plus que les autres hommes.

Les plus grands capitaines ont commis des fautes, et souvent ils n'ont pas hésité à les reconnaître. Turenne disait qu'il avait perdu la bataille de Marienthal par sa faute; l'archiduc Charles, dans l'étude qu'il a faite de ses propres campagnes, a lui-même, à plusieurs reprises, mis en relief les erreurs qu'il avait commises.

Quant à Frédéric, il est certain que toutes ses opérations ne sont pas des modèles. Il y a fort à dire dans les

[1] *Idem*, page 163.

batailles de Kollin, de Kunersdorf et de Torgau. C'est de
cette dernière que Napoléon a dit : « C'est celle où le
roi de Prusse a commis le plus de fautes et la seule où il
n'ait montré aucun talent ». On peut presque appliquer
ce jugement à la conduite de la campagne de 1813, car,
à part la bataille de Dresde, on ne voit pas une seule
opération qui soit à la hauteur du passé de Napoléon.

Mais si ses défaillances peuvent s'expliquer d'une
manière générale par l'imperfection inhérente à la
nature humaine, nous croyons avant tout qu'elles tenaient
à l'état particulier de son esprit.

Après quinze ans de succès inouïs, Napoléon était convaincu qu'il avait à sa disposition des procédés connus
de lui seul, tandis qu'au contraire ses adversaires en
avaient pénétré le secret [1].

Cet état d'esprit, qui commence en 1810, avait atteint
son maximum d'intensité en 1813.

En contemplant l'œuvre véritablement étonnante
qu'il avait accomplie au printemps : une armée de
400.000 hommes, créée de toutes pièces au lendemain
du désastre de Russie, et malgré la guerre d'Espagne,
l'Allemagne à moitié reconquise en deux batailles, il
était arrivé à ne douter de rien, ni surtout de lui-même.
Voilà l'état d'esprit qui l'a amené à faire des fautes
militaires réelles, et, quand on les a reconnues, il faut
ne pas hésiter à les mettre en relief, afin que l'on voie
bien que, malgré son génie, Napoléon était cependant
de la même espèce que les autres hommes. que l'ampleur
de son intelligence avait une limite et qu'il était capable
de défaillances. Voilà ce qu'il ne faut pas craindre de
dire et de répéter, et cela eût été plus utile pour notre
pays que de le montrer à la postérité comme l'incarna-

[1] *La Campagne d'automne de 1813*, pages 166 suivantes.

tion infaillible d'une sorte de divinité guerrière n'ayant
péri que par la trahison de son entourage.

II. — 1815. WATERLOO

LE PLAN DE CAMPAGNE.

Nous dirons d'abord que le plan de campagne de
Napoléon, dans sa conception générale, était parfait; et
qu'il en fut encore de même des procédés employés pour
concentrer son armée avant de la conduire à l'ennemi.
Il n'a jamais rien fait de plus remarquable. Ses projets
étaient bien en rapport avec la situation de ses adversaires, et c'était la seule manière d'obtenir rapidement
des succès décisifs. Malheureusement, l'exécution ne
répondit pas à la conception. Cependant, le premier jour
tout va bien, malgré quelques retards dont Napoléon
n'est pas responsable; l'armée passe la Sambre et s'avance
jusqu'à Frasnes à gauche, jusque près de Fleurus à
droite. L'Empereur a pris le contact avec l'ennemi qu'il
a à moitié surpris; il a toute son armée sous la main;
il est en mesure de frapper un grand coup si l'occasion
se présente. Les adversaires ne sont pas concentrés; s'ils
veulent se réunir en sa présence, il pourra sans doute
accabler l'un des deux en contenant l'autre. C'est justement la manœuvre que Wellington et Blücher essayent
d'exécuter le 16 juin. Il attaque le second, tandis que
Ney tient tête au premier; mais, par suite d'une conception tardive et incomplète, et d'ordres mal donnés
et mal transmis, une partie de l'armée française reste
inactive. D'Erlon oscille entre les deux champs de bataille; Lobau reste en réserve.

Napoléon bat néanmoins Blücher, mais sans lui infliger les pertes qu'il aurait subies si 30.000 Français de
plus avaient pris part à la bataille, comme c'était possible. Napoléon avait eu l'occasion de détruire la moitié
de l'armée prussienne, il l'avait manquée, et c'est bien
à lui que sont imputables les fautes capitales de la journée.

Les difficultés qu'il a rencontrées proviennent de ce
qu'il a perdu toute la matinée. Il pouvait, cependant,
les surmonter, si, en commençant la bataille, il eût
tracé le rôle de Ney d'une manière plus judicieuse et
plus précise ; il fallait lui expliquer de suite qu'il n'avait
pas besoin de battre les Anglais, mais qu'il suffisait de
les contenir. D'Erlon n'est pas venu parce qu'il n'a pas
été appelé d'une manière formelle en temps utile ; Lobau
est resté en réserve parce que Napoléon l'a voulu
ainsi.

LA VEILLE DE WATERLOO.

Cependant, tandis qu'il battait les Prussiens (Ligny),
Ney contenait les Anglais (Quatre-Bras), malgré leur
supériorité numérique. Napoléon a encore toute son
armée disponible et prête à agir ; il peut, le lendemain,
compléter sa victoire, soit en attaquant les Anglais, soit,
ce qui aurait été préférable, en poursuivant les Prussiens et en les empêchant de se rapprocher de leurs
alliés. Il ne fait ni l'un ni l'autre ; la matinée du 17 juin
est perdue tout entière ; les Prussiens sont libres de se
retirer en se remettant de leur défaite, les Anglais sont
libres de se dérober.

« Pour ceux qui se rappellent, dit Jomini, l'étonnante
activité qui présida aux événements de Ratisbonne, en
1809 ; de Dresde, en 1813 ; de Champeaubert et de
Montmirail, ce nouveau temps perdu (17 au matin),

sera toujours une chose inexplicable de la part de Napoléon. »

Ensuite, quand il met Grouchy à la poursuite des Prussiens, il lui indique une fausse direction, en négligeant celle de Wavre, qui cependant était la plus importante ; car c'était de ce côté que les Prussiens pouvaient se réunir aux Anglais. C'est bien, en effet, ce qu'ils se proposaient de faire ; ils sont, le soir, concentrés à Wavre, et toute la journée se passe sans que Napoléon s'en rende compte. C'était à lui qu'il appartenait de déterminer les directions principales à surveiller. Au lieu de penser à Wavre, tandis qu'il marche à la suite des Anglais, il porte Grouchy sur Gembloux. Cependant, ce dernier, dans la soirée (17 juin), s'est à peu près rendu compte du mouvement des Prussiens ; le soir, il écrit à Napoléon qu'au moins une fraction de l'armée prussienne a marché sur Wavre ; la nuit, de nouveaux renseignements lui font croire qu'elle y est presque entière ; et il en rend compte dans une seconde lettre à l'Empereur. Ce dernier reçoit la première à deux heures du matin ; elle ne jette aucune lumière sur son esprit. Il a cependant les Anglais devant lui, ils semblent disposés à accepter la bataille, et en apprenant que les Prussiens sont à 15 kilomètres de là, ayant abandonné leurs communications directes avec le Rhin, il ne pense pas que c'est pour venir joindre directement les Anglais.

Son frère Jérôme appelait son attention sur la possibilité de ce mouvement ; il lui répondit : « Après une bataille comme celle de Fleurus, la jonction des Prussiens et des Anglais est impossible[1]. »

Ce défaut de perspicacité est la cause principale du désastre de Waterloo, et elle est imputable à Napoléon.

[1] *La Guerre éventuelle*, page 120.

A notre avis, le jugement que tant d'historiens ont porté en voulant faire peser sur Grouchy la responsabilité de la défaite de l'armée française, est une des grandes iniquités de l'histoire[2].

LE CHOC.

Cependant Napoléon se dispose à livrer bataille à Wellington ; mais la longue durée du déploiement de ses troupes, et surtout l'état du sol, l'amènent à retarder l'attaque jusqu'à une heure. Elle est à peine engagée quand les Prussiens commencent à se montrer. Ensuite, au lieu de porter l'effort principal sur la gauche des Anglais, comme des raisons de toute nature auraient dû l'inviter à le faire, il cherche à enfoncer le centre, qui en était la partie la plus solide. Il achevait ainsi de perdre les chances qui lui restaient et qui étaient encore réelles ; car si Napoléon eût commencé la bataille à neuf heures du matin, et qu'il eût attaqué par sa droite, il n'était pas impossible de battre les Anglais avant l'arrivée des Prussiens, qui, en réalité, ne sont intervenus d'une manière efficace qu'à partir de cinq heures.

On peut relever, il est vrai, bien des fautes d'exécution pendant la bataille ; mais, quand même ces fautes, imputables aux subordonnés de Napoléon, auraient été évitées, on avait bien peu de chances de vaincre, dès que la bataille ne commençait qu'à une heure et que l'on portait le principal effort sur le centre. Napoléon, seul, est responsable de ces deux erreurs. Aucune considération ne peut excuser le mauvais choix du point d'attaque ; quant au retard à engager la lutte, il n'a pour cause que le manque de perspicacité de Napoléon,

---

[2] *La Critique de la Campagne de 1815*, pages 201 et suivantes.

qui n'a cru à l'arrivée des Prussiens qu'en les voyant déboucher sur le champ de bataille.

C'est là la grande erreur d'appréciation qu'il a commise et qui est la cause principale du désastre de l'armée française; c'est cette faute qui l'a empêché de profiter de la séparation des deux armées alliées, en battant l'une et en contenant l'autre, comme il l'avait fait en sens inverse à Ligny.

LES FAUTES.

On peut donc dire, en définitive, que si la préparation de la campagne et son début furent admirables, au contraire, pendant les trois journées décisives du 16, du 17 et du 18 juin, Napoléon a accumulé les fautes.

Si ses subordonnés en ont commis quelques-unes, c'est à lui qu'il faut imputer celles qui ont eu une influence décisive sur les résultats. Il en est toujours ainsi à la guerre, car, comme le fait remarquer judicieusement Gouvion-Saint-Cyr, les fautes commises par les chefs sont les seules qui ne soient pas réparables. Celles des subordonnés sont limitées et proportionnées à leur initiative; celles des chefs, au lieu de s'atténuer, s'épanouissent en se manifestant à tous les degrés de la hiérarchie, et faussent complètement le jeu de tous les organes.

Quant à Wellington et à Blücher, eux non plus ne sont pas exempts de tout reproche. Mais Napoléon s'est plu à leur attribuer bien plus de fautes qu'ils n'en ont commises; et l'on ne voit pas quelle satisfaction il a pu trouver à ce jeu, quelque peu puéril; car, si malgré leurs fautes ils l'ont conduit à Waterloo, on peut se demander ce qui serait arrivé s'ils les avaient évitées.

N'est-ce pas reconnaître que la lutte était impossible?

D'ailleurs, en relevant certaines erreurs plus que contestables, il n'a pas insisté sur la seule qui fut vraiment grave, celle du 16 juin, parce que, sans doute, il aurait fallu convenir, en même temps, qu'il en avait commis une bien autrement décisive, en ne profitant pas des avantages que ses adversaires lui avaient livrés ; et c'eût été reconnaître que la victoire lui avait échappé par sa faute.

C'est la conclusion à laquelle il faut arriver si l'on veut juger cette campagne avec impartialité. Dès que Napoléon commettait des fautes comme les généraux alliés, son infériorité numérique était une raison suffisante pour qu'il fût battu ; mais, en voulant lutter malgré tout, jusqu'à l'épuisement de ses forces, il mena ses troupes non seulement à la défaite, mais à la déroute, comme en 1812 et 1813. Tel était le résultat de toutes les fautes commises depuis plusieurs jours. Parmi ces fautes, on peut en relever trois principales qui ont eu sur les événements une influence décisive.

La première consiste à ne pas avoir pris les dispositions nécessaires pour assurer l'arrivée de d'Erlon sur le champ de bataille de Ligny.

La seconde, à avoir perdu la matinée du 17 juin.

La troisième, à ne pas avoir appelé Grouchy sur le champ de bataille de Waterloo.

De ces trois fautes, imputables à Napoléon, la plus incompréhensible est la seconde.

De la part de Napoléon, on ne peut expliquer une pareille inertie, à la suite d'une victoire, que par suite de son état de santé. Mais la plus regrettable de ces fautes est la première, car Napoléon a eu, le 16, le moyen à peu près certain d'obtenir un succès décisif. Il avait peu de chances d'obtenir le même résultat en évitant la troisième faute ; mais au moins, il pouvait ajourner sa défaite, et même peut-être aurait-il réussi à

vaincre, si malgré ses erreurs au sujet des projets prussiens, il eût attaqué les Anglais plus tôt et mieux jugé
le point faible de leur position. Mais, chose à peine
croyable, quand on pense au passé, après avoir manqué
de perspicacité dans la direction des opérations, il a
manqué de coup d'œil sur le terrain.

Après s'être montré médiocre stratégiste dans la préparation de la bataille, il s'est montré médiocre tacticien en la livrant.

On dira peut-être que ce sont là de bien gros mots
pour parler d'un pareil homme de guerre ; mais pourquoi reculer devant les mots lorsqu'ils expriment l'évidence.

... On doit donc dire que le désastre de Waterloo est
devenu sans appel, par suite de l'épuisement et du dégoût qu'avait produits, en France, la politique extravagante de Napoléon ; mais il n'en est pas moins vrai que
ce sont des fautes commises par lui dans sa spécialité
militaire qui ont amené ce désastre.

L'ÉTAT DE LA FRANCE EN 1815.

Après Waterloo, la France se trouva réduite à l'impuissance. « Si le hasard d'une bataille, dit Montesquieu, c'est-à-dire une cause particulière a ruiné un
État, il y avait aussi une cause générale qui faisait que
cet État devait périr par une seule bataille [1] ».

En 1815, la cause générale dont parle Montesquieu,
était facile à trouver ; c'était l'état de la France à la
suite de vingt ans de guerre ; épuisée par ces longues
luttes, elle n'avait plus confiance dans le génie de Napoléon ; sans avoir oublié Austerlitz et Iéna, elle se souve-
nait surtout de Leipzig et de l'invasion de 1814. Se

[1] *La Critique de la Campagne de 1815*, pages 232 à 236.

voyant vaincue encore une fois, elle devait l'abandonner, et en l'abandonnant elle renonçait à la lutte; car, elle n'en connaissait pas d'autre qui fût capable de mieux faire. Elle avait joui de la gloire qu'il lui avait donnée; maintenant, elle ne pouvait que se résigner, et c'était une faible consolation que faire retomber sur lui la responsabilité de son impuissance. A ce sujet, on devait être unanime, car il était certain que c'était bien lui qui était la cause unique de tous nos malheurs.

NAPOLÉON ET FRÉDÉRIC.

... Napoléon a dit que la Fortune était femme; en cette qualité, elle avait droit à des égards qu'il n'a pas eus pour elle; après avoir été comblé de ses faveurs, il a voulu lui faire violence; non seulement il a fini par la lasser, mais, en s'éloignant de lui, elle l'a terrassé. Tout autre était Frédéric, qui n'a jamais demandé à la Fortune que ce qu'elle pouvait lui donner; aussi elle lui est restée fidèle; ce qui le distingue surtout, c'est la pondération de son esprit, dont la tournure, profondément politique, se retrouve aussi bien sur le champ de bataille que dans le travail du cabinet. Il ne se laisse jamais griser par la bonne fortune, pas plus qu'il ne se laisse abattre par la mauvaise. Il cède devant les obstacles, attendant patiemment une meilleure occasion; il ne croit pas tout perdu parce qu'il a reculé pour éviter un désastre.

Napoléon lui est bien supérieur par l'ampleur et la profondeur des combinaisons stratégiques. Nul autre homme de guerre n'avait atteint à un si haut degré ni la puissance de la conception, ni la vigueur de l'exécution. Mais, ce qui lui manque, à l'opposé de Frédéric, c'est la pondération des idées; à la guerre comme en politique, il ne connaît pas d'obstacles. Malgré tout, il veut les briser, et il ne se résout à la retraite que quand elle n'est plus possible.

C'est pour cela que le premier était de ceux qui fondent les empires, et le second, de ceux qui les mènent à la ruine.

Mais si Frédéric a su résister aux entraînements qui ont emporté Napoléon, il faut remarquer que cela tient aux circonstances, autant qu'à la nature.

Il est clair que dans les conditions de la guerre de Sept Ans, il ne pouvait songer à la domination de l'Europe, c'était déjà assez beau de conserver ses propres États, en les agrandissant à sa convenance. On doit dire aussi, qu'étant né sur les marches du trône, il était mieux préparé à supporter sans troubles des triomphes bien mérités, glorieux au plus haut degré, mais qui, par leur résultat positif, n'avait rien d'excessif.

On doit reconnaître qu'il en a été tout autrement de Napoléon qui, étant parti de rien, était arrivé après Friedland, à mettre à ses pieds toutes les puissances de l'Europe. Quel homme aurait résisté à une si prodigieuse fortune ? Quel esprit l'aurait supportée sans en être ébranlé ? C'est pour avoir vu toutes ses entreprises réussir trop vite, autant que par ses tendances naturelles que Napoléon est devenu insatiable.

Ce sont là des circonstances atténuantes qui doivent à distance frapper les esprits impartiaux, et qui auraient pu en 1815 déterminer bien des Français à se grouper autour de l'Empereur, s'ils avaient vu dans son entreprise quelques chances de succès. Et nous croyons que ces chances eussent été sérieuses, si la France en se soulevant contre l'invasion, fût venue se grouper autour d'une armée victorieuse.

Napoléon avait pris l'habitude de régler le sort d'une campagne par une seule grande bataille ; cette fois, le même procédé se retournait contre lui.

Mais il faut bien se rendre compte que le résultat d'une bataille n'amène la fin d'une grande guerre que lorsque la partie se joue exclusivement entre des armées de métier ; il en est tout autrement lorsque les peuples s'en mêlent. Il ne suffit même plus alors d'habiles capitaines pour dompter une grande nation qui veut à tout prix conserver son indépendance.

La leçon de Waterloo.

... Il ne faut pas conclure de ces observations que les armées permanentes soient inutiles ; car, si le courage des peuples est la première condition de leur indépendance, il est indispensable pour que ce courage porte ses fruits, que les efforts de la masse soient groupés autour d'un noyau de gens de métier et dirigés par des chefs habiles. Les Prussiens n'auraient pas été arrêtés à Valmy, si les volontaires de 1792 n'avaient trouvé l'ancienne armée pour les encadrer et Dumouriez pour les commander. Les Espagnols, malgré leur courage, n'auraient pas tenu longtemps contre l'armée française sans l'appui des Anglais dirigés par Wellington.

... Ce qu'il faut donc pour qu'une nation soit assurée de conserver sa grandeur c'est d'abord d'entretenir une armée de gens de métier ; c'est en même temps de surexciter le sentiment patriotique, pour qu'au jour du danger, tous les citoyens soient prêts à aller se grouper autour de ce noyau ; c'est enfin (et c'est là la condition la plus difficile à réaliser, à cause des intrigues des politiciens et des mesquines jalousies de vulgaires ambitieux) de rechercher et d'encourager des hommes capables de diriger les opérations.

Si ces conditions sont satisfaites, peu importe que l'on perde la première bataille ; l'ennemi, s'il pénètre sur le territoire, en sera vite chassé. Il est vrai qu'en rentrant chez lui il retrouvera les mêmes avantages, car il ne faut pas s'y tromper, les armées nationales ne sont propres qu'à la défense du territoire, et non pas à la guerre offensive.

Malgré les exemples de la période napoléonienne, il ne faut donc pas croire qu'une grande guerre doive se terminer en une seule journée ; nous dirons même que la nation qui croit que son sort ne dépend que d'une seule bataille ne mérite pas de la gagner [1].

---

[1] Il faut remarquer que ces lignes et toutes celles qui précèdent, sur 1815, ont été écrites en 1904 !

III

LA GUERRE DE 1870-71

III

LA GUERRE DE 1870-71

1° AVANT SEDAN

Avantage des Allemands.

En 1870, les Allemands avaient pour eux le nombre et une tactique mieux appropriée à leur armement ; mais le plus grand de tous leurs éléments de succès résidait dans leurs chefs. Le roi Guillaume n'était assurément pas dépourvu de qualités militaires, mais rien ne prouve qu'il eût été capable d'étudier un plan de campagne dans tous ses détails et de le faire exécuter. Son grand mérite a été de mettre la main sur un de Moltke pour conduire la guerre, comme il avait su trouver un Roon pour préparer les moyens et un Bismarck pour diriger sa diplomatie. En réalité, c'est là le principal rôle d'un chef d'État. L'empereur Napoléon III n'avait pas eu à beaucoup près la main aussi heureuse. Ses diplomates s'étaient laissés jouer par M. de Bismarck, et pour l'aider dans la conduite de la guerre il n'avait su trouver que le même homme qui l'avait préparée d'une manière si insuffisante.

Quant à lui, il n'était peut-être pas plus dépourvu de qualités militaires que le roi de Prusse ; il avait quelque peu étudié les campagnes de son oncle, sans toutefois les

avoir approfondies ; il avait en 1859 dirigé la guerre
d'Italie avec un certain mérite ; mais il n'était pas de
taille à conduire de grandes opérations dans des conditions très difficiles. Pour lutter contre les Allemands
avec des moyens sensiblement inférieurs, il lui aurait
fallu le conseil d'un homme hors ligne. Le maréchal
Le Bœuf n'était pas cet homme, à beaucoup près. Appar-
tenant à l'arme de l'artillerie, il s'était distingué en
Crimée et en Italie ; mais ce n'était pas une raison suffisante pour prétendre à la direction de grandes opérations
militaires. Il était devenu maréchal sans avoir commandé
un corps d'armée, ni même une division, et ce n'est assurément pas Napoléon Ier qui aurait élevé à cette dignité
un homme ayant fait toute sa carrière dans une spécialité.
Parmi les maréchaux du premier Empire un seul sortait
de l'artillerie, c'est Marmont, et ce n'est pas pour avoir
exercé le commandement de l'artillerie d'une armée que
l'Empereur lui avait conféré son grade, mais parce que
depuis cinq ans il commandait un corps d'armée, avec
distinction.

En outre, à défaut de l'exercice d'un commandement,
le maréchal Le Bœuf ne s'était signalé par aucune étude
spéciale d'une vraie valeur. On peut dire qu'en général,
avant 1870, les officiers d'artillerie se distinguaient par
leur ignorance en histoire militaire et en géographie.
Rien ne les poussait dans cette voie ; il n'en était pas
question dans leurs études, ni à l'École Polytechnique,
ni à l'École d'Application de Metz, et celui qui aurait
voulu s'y adonner aurait été conspué et destiné à végéter
dans les grades inférieurs[1]. Le maréchal Le Bœuf n'avait
sur ces sujets que des idées sommaires comme ses camarades. Rien ne le recommandait donc au choix de l'empereur si ce n'est un dévouement absolu à la dynastie

---

[1] Celui qui écrit ces lignes en sait quelque chose.

impériale. Une seule chose peut excuser l'empereur de
l'avoir choisi, c'est qu'en cherchant bien il n'aurait pas
trouvé beaucoup mieux. Ce qui caractérise en effet les
chefs de l'armée française en 1870, c'est que, si bon
nombre d'entre eux étaient capables de briller dans
des situations secondaires, il n'en existait pas un seul
qui ait approfondi les principes de la grande guerre,
qui fût capable de concevoir un plan judicieux et de
le faire exécuter avec autant de précision que de résolution.

Aussi l'armée française allait-elle être conduite sans
vues suivies, avec des idées incohérentes ; cette insuffi-
sance de la direction s'ajoutant à l'infériorité des moyens
devait suffire à amener les plus grands désastres.

Prise de contact défectueuse.

Napoléon III qui ne doutait[1] pas que l'armée française
ne fût prête au bout de quinze jours, se proposait de
passer le Rhin vers Lauterbourg, de manière à séparer
l'Allemagne du Nord de l'Allemagne du Sud. Il comptait
sur l'alliance autrichienne et sur celle de l'Italie[2], mais
comme l'armée autrichienne ne pouvait être prête qu'au
bout de six semaines, et qu'il fallait au moins autant de
temps à l'armée italienne pour entrer en ligne, il était
manifeste que, pendant tout ce temps, l'armée française
qui aurait franchi le Rhin, se trouvait absolument dans
le même cas que si elle eût été seule. En s'engageant dans
une pareille voie, elle était vouée à un désastre irréparable, c'eût été Metz et Sedan en un seul jour[3]. Dans le
fait, les retards imprévus de la mobilisation nous empê-

[1] *Les armées en présence*, page 23.
[2] *Idem*, page 32.
[3] *Idem*, pages 36 et 34.

chèrent de nous y exposer. Mais, l'empereur, en renon-
çant à son projet, parut décontenancé et ne prit aucune
disposition pour en exécuter un autre[1]. On peut bien
l'excuser dans une certaine mesure de n'avoir pas profité des circonstances favorables qui se présentaient à la
fin de juillet pour prendre l'offensive au delà de la Sarre,
mais on ne saurait trop le blâmer de n'avoir pas au
moins pris ses dispositions en vue de la défensive. C'est
ainsi que, quand l'ennemi crut le moment venu de
passer la frontière, il trouva l'armée française en complet
état de dispersion. Wœrth et Forbach en furent les conséquences.

Ces deux défaites étaient graves, mais elles n'étaient
pas irréparables, si l'on comprenait qu'en raison de la
supériorité numérique des Allemands, il fallait être prêt
à reculer en se contentant de défendre le terrain pied à
pied.

METZ.

Mais au lieu de songer à manœuvrer[2] à proximité de
la frontière ou en arrière, séduit par l'attraction de la
place de Metz, on allait se laisser entraîner à y séjourner
avec 150.000 hommes en présence de l'ennemi qui en
avait 300.000 sans compter la III° armée. L'empereur,
comprenait bien le danger de cette situation, mais il
subissait les influences contraires de son entourage[3], où
les uns voulaient maintenir l'armée à Metz, tandis que
d'autres conseillaient de s'éloigner au plus vite. Il ne
pouvait se résoudre à prendre un parti. C'est au milieu
de ces tergiversations qu'on l'amena[1], le 12 août, à

---

[1] *Idem*, page 74.

[2] *L'Invasion*, page 148.

[3] *Idem*, page 93.

abandonner le commandement de l'armée et à le
remettre entre les mains du maréchal Bazaine.

La situation était loin d'être désespérée[2], malgré la
mauvaise issue des premières rencontres, le gros de
l'armée restait intact. On pouvait encore nourrir l'espoir
d'arrêter l'invasion allemande, à la condition de commencer par sauver la principale partie de l'armée qui se
trouvait à Metz. Mais au lieu de prendre ses dispositions
pour s'en éloigner sans perdre de temps, Bazaine, le
13 au soir songeait encore à prendre l'offensive par la
rive droite de la Moselle. C'est ainsi qu'il fut amené à
livrer le 14, la bataille de Borny et le 16 celle de Rezonville. Malgré notre supériorité numérique, cette dernière
ne fut, au point de vue tactique, qu'une bataille indécise,
mais par suite de la détermination que Bazaine crut
devoir prendre le lendemain, elle devait avoir au point
de vue stratégique les conséquences d'une défaite. Au
lieu de reprendre sa marche vers la Meuse, il ramena
son armée sur Metz.

Jusque dans ces derniers temps, plusieurs écrivains
militaires français ont prétendu que la résolution du
maréchal Bazaine avait plus d'avantages que d'inconvénients, que d'une part elle empêchait la ruine immédiate de l'armée, et qu'en même temps en retenant
200.000 Allemands autour d'elle, elle a seule permis au
Gouvernement de la Défense Nationale[3] d'organiser la
résistance. Nous sommes d'un avis absolument opposé,
l'armée française en reprenant sa marche vers l'Ouest
aurait pu opérer sa jonction avec l'armée de Châlons
sans courir aucun danger.

De plus, en s'appuyant sur Metz, au contraire, non

[1] *Idem*, page 115.
[2] *Idem*, page 148.
[3] *Idem*, page 149.

12

seulement on ne facilitait pas l'organisation de la résistance, mais on la rendait très difficile. Se retirer dans
un camp retranché c'était refuser la bataille, et ce que
l'on croyait impossible avec la vieille armée, était-il raisonnable de l'espérer de nouvelles levées dépourvues de
cadres ? La seule manière d'organiser une résistance
efficace était au contraire de verser peu à peu les recrues
dans les anciens cadres.

Indépendamment de toutes considérations théoriques
sur la valeur des camps retranchés, il fallait donc avant
tout, en raison des circonstances particulières dans
lesquelles on se trouvait, éviter de s'appuyer sur
Metz d'une manière prolongée en évitant de s'y faire
bloquer ; car si l'on avait d'une part une armée excel-
lente mais d'un effectif insuffisant, et d'autre part des
recrues nombreuses mais sans cadres pour les recevoir, il n'y avait rien à espérer de leurs résistances
séparées, tandis que l'on pouvait tout attendre de leurs
réunions [1].

Nous trouvons donc que la faute commise à la suite
de la bataille de Rezonville est la plus grave de celles qui
ont été commises pendant la première partie de la
guerre, et la *véritable origine de tous nos malheurs* [2] Elle
a eu pour conséquence la ruine des deux armées dont
disposait la France pour défendre son territoire. D'une
part, il était inévitable que l'armée de Metz fût rejetée
sur la place et qu'elle y fût investie ; d'autre part, il
était naturel que l'armée de Châlons cherchât à la
dégager, et c'est en l'essayant qu'elle s'est elle-même
perdue à Sedan. Dès lors, l'autre, livrée à elle-même
devait fatalement succomber le jour où elle n'aurait plus
de vivres.

[1] *L'Invasion*, page 151.
[2] *L'Armée de Châlons*, page 6 et *Comment quitter Metz*, page 80.

Voilà où l'on est conduit lorsque l'on fait la guerre
sans principes, ou plutôt avec de mauvais principes ; car,
si le chef de l'armée française eût été convaincu qu'en
s'attachant à un camp retranché, sous le prétexte de
sauver son armée momentanément, il courait le risque
de la perdre définitivement, ce qu'il aurait pu apprendre
en méditant les exemples de l'histoire, il aurait rejeté
les théories aussi funestes que spécieuses qui, après avoir
pris naissance en Belgique, avaient pénétré en France ;
au lieu de se rapprocher de Metz le 17, il se serait mis
en marche à tout prix vers la Meuse, même en se disant
qu'il pouvait courir quelques risques, et il aurait évité
la faute qui devait amener la ruine de son armée et le
démembrement de la France [1].

LES RESPONSABILITÉS DE SEDAN [2].

Le Ministre de la guerre, le maréchal de Mac Mahon,
le général de Wimpffen se partagent la responsabilité de
la catastrophe de l'armée de Châlons ; mais il faut reconnaître que les parts qui reviennent à chacun d'eux ne
sont pas égales. Sans doute, le général de Palikao est
l'auteur du projet d'opération qui a conduit l'armée
française à sa perte ; mais ce projet n'a réellement amené
la ruine de l'armée que par la manière dont il a été
exécuté. Or, c'est le maréchal qui, après être entré dans
les vues du ministre, a conduit par des fautes d'exécution
journalières l'armée de Châlons dans la situation la plus
critique. Sans doute, le général de Wimpffen a consommé la ruine de l'armée en arrêtant la seule manœuvre encore capable peut-être d'empêcher la capitu-

[1] *Comment quitter Metz en 1870 ?*, pages 80 et 81.

[2] Le colonel Grouard était lieutenant d'artillerie dans l'armée de
Châlons. Fait prisonnier à Sedan, il demeura en Allemagne de longs
mois après la paix, atteint d'une maladie grave.

lation ; mais c'est le maréchal qui, malgré l'avertissement de la bataille de Beaumont, ne s'est pas rendu compte du péril qui le menaçait ; c'est lui qui, en s'arrêtant un jour à Sedan, a mis l'armée dans une position où il ne lui était plus possible d'échapper, au moins à une complète désorganisation.

Tout en faisant la part du ministre et du général de Wimpffen, on doit donc dire, en somme, que c'est le maréchal de Mac Mahon qui est le principal auteur du désastre de Sedan. Il a accepté une mission qu'il aurait dû refuser ; il a dirigé ses troupes en négligeant des principes que non seulement le bon sens, mais même les règlements militaires prescrivaient ; il n'a pas vu l'abîme dans lequel son armée allait s'engloutir alors qu'il était devenu apparent. De toutes ces fautes, la plus grave est la dernière, car c'est elle qui a mis décidément l'armée française dans une situation d'où il lui était presque impossible de se tirer sans être au moins désorganisée, et c'est en même temps la plus incompréhensible ; car après les événements des jours précédents, il devait être manifeste que le danger était imminent et qu'il n'y avait pas un instant à perdre pour y échapper.

C'est véritablement le séjour de l'armée française autour de Sedan pendant la journée du 31 et pendant la nuit suivante, qui est la cause immédiate de la catastrophe, cause d'autant plus effective qu'en réalité tout n'était pas perdu après la bataille de Beaumont. Comme nous l'avons vu, en prenant tout de suite le parti de la retraite sur Mézières, on était à peu près certain d'échapper aux Prussiens.

En se contentant d'occuper le 31, le défilé de la Falizette, on prenait moins d'avance, mais on avait encore le moyen de faire payer cher aux Prussiens la témérité de leur mouvement par Donchery.

Enfin, en surveillant seulement le débouché de ce

défilé, on pouvait encore y arrêter les Allemands et changer à notre avantage les conditions de la lutte. Ce n'est que par une incurie inexplicable que l'on manqua toutes ces chances relativement heureuses, et que l'armée française a été amenée à recevoir la bataille dans les conditions les plus défavorables...

Mais tout en reconnaissant le maréchal de Mac Mahon comme le principal auteur du désastre de Sedan, cela ne doit pas nous faire oublier le rôle qu'il a joué à Malakoff et à Magenta.

Le maréchal de Mac Mahon. après avoir héroïquement conduit une division en Crimée, a dirigé assez brillamment un corps d'armée en Italie pour amener la victoire de Magenta[1] ; nul n'était donc plus digne que lui

---

1. Je sais que certains écrivains militaires prétendent que déjà, en Italie, le maréchal de Mac Mahon s'est montré d'une certaine médiocrité, et qu'à Magenta, notamment. ses hésitations ont failli amener la défaite de l'armée française ; mais c'est là, à notre avis, un jugement tout à fait injuste. Le maréchal de Mac Mahon, il est vrai, le jour de la bataille, ne s'est pas porté sur Magenta avec toute la rapidité possible ; mais nous pensons que son hésitation était non seulement explicable, mais très justifiable. Sa situation dans cette journée offre quelque analogie avec celle du maréchal Ney (à la bataille de Bautzen 1813). Cet illustre homme de guerre, on le sait, devait déborder la droite de l'armée prusso-russe ; mais se trouvant isolé et craignant d'avoir affaire à toute l'armée ennemie, il ne marcha qu'en tâtonnant et arriva trop tard sur le flanc de cette armée. Or nous pensons que s'il y a eu une faute commise en cette circonstance, elle est imputable, non à Ney, mais à Napoléon lui-même qui avait violé ses principes en ordonnant un mouvement débordant sans liaison avec le gros de l'armée. Il en est de même à Magenta ; la faute commise dans cette journée consiste à avoir laissé seul le maréchal de Mac Mahon depuis la veille sur la gauche du *Naviglio Grande*. On aurait dû le renforcer directement du corps Canrobert et de l'armée Sarde. en les dirigeant sur Turbigo, et les faisant partir à 2 heures du matin. Dès lors. ces forces, montant à 100.000 hommes, eussent atteint Magenta et Ponte-Novo de bonne heure, et l'on eût évité le péril que courut pendant plusieurs heures la division Mellinet, et dont elle ne sortit qu'à force d'héroïsme. Du reste, si nous relevons cette faute, cela ne

du bâton de maréchal de France, mais après s'être illustré à la tête d'une division et d'un corps d'armée, il a échoué dans le commandement d'une armée ; toutefois il ne manque pas d'autres hommes de guerre, et des plus illustres, qui, après avoir brillé du plus vif éclat dans des situations secondaires, se sont trouvés au-dessous de leur tâche lorsqu'ils eurent à conduire une armée dans des conditions difficiles.

Ney, Oudinot, Macdonald se font fait battre par leur faute à Dennewitz, à Gross-Beeren et sur la Katzbach. Mais cela ne doit pas faire oublier le rôle qu'ils ont joué à Elchingen, à Iéna, Friedland et à Wagram.

COMMANDEMENT EN CHEF ET COMMANDEMENT EN SOUS-ORDRE.

C'est qu'au fond, il y a un abîme entre les fonctions d'un chef de corps et celui d'un chef d'armée, si petite qu'elle soit. Il est plus facile de commander 50.000 hommes en second que 20.000 hommes en chef.

Dans le premier cas, on n'est qu'un agent d'exécution, dans le second, il faut concevoir les opérations et les diriger. Dans l'un, il suffit d'être un homme de métier ; dans l'autre il faut connaître encore son métier d'une manière approfondie, mais de plus il faut des facultés supérieures que peu d'hommes possèdent.

Il faut pour commander une armée posséder l'esprit

nous empêche pas d'admirer dans son ensemble le mouvement de l'armée française qui a conduit à la bataille de Magenta. Il est de mode aujourd'hui, dans certains milieux politiques, de prétendre que tout ce qu'a fait l'armée du second Empire était mauvais. C'est à notre avis une pitoyable manière d'écrire l'histoire, Sedan et Metz ne doivent pas nous faire oublier Magenta et Solférino, pas plus que Leipzig et Waterloo ne peuvent détruire la gloire d'Austerlitz et d'Iéna.

géométrique dont parle Pascal et aussi ce qu'il appelle l'esprit de finesse, le premier pour donner aux combinaisons militaires toute la rigueur dont elles sont susceptibles, le second pour pénétrer les desseins de ses adversaires, et employer les ressources de la ruse et de la dissimulation à cacher ses propres projets ; il faut cette nature d'esprit encore pour bien apprécier la vraie valeur des principes, savoir qu'ils ne sont ni absolus ni étroits et être toujours prêt à en varier l'application suivant la tournure des événements.

En un mot, il faut posséder à fond toutes les connaissances élémentaires du métier militaire, savoir les combiner comme un savant et savoir les appliquer comme un artiste.

C'est pour cela que l'histoire militaire comprend si peu de grands capitaines. Pendant la période de la Révolution et de l'Empire, toute la nation était sur pied, toute l'intelligence était aux armées. Combien, en somme, a-t-elle fourni de grands généraux ? A part Napoléon, on ne pourrait guère en citer que sept ou huit qui encore ne sont pas des généraux de premier ordre, la plupart de nos maréchaux ne pouvaient être que des instruments, d'autres au contraire, comme Gouvion Saint-Cyr, n'ont donné leur mesure que lorsqu'ils commandaient en chef. Dans le reste de l'Europe, qui aussi était tout entière en armes, on ne trouve que deux grands généraux : l'archiduc Charles, qui vient immédiatement après Napoléon, et Wellington, à une certaine distance de l'archiduc.

A part Clairfayt, que sa belle campagne de 1795 place parmi les meilleurs généraux de l'époque, les autres ne sont même pas, à beaucoup près, à la hauteur de nos bons généraux de second ordre, tels que Moreau, Hoche, Masséna, Saint-Cyr et Davout.

A la guerre comme ailleurs, les hommes ont leur

niveau, au-dessus duquel ils échouent, tandis qu'en évitant de le dépasser, ils s'illustrent pour leur pays. Tel était le maréchal de Mac Mahon. Il avait brillé en Crimée et en Italie parce qu'il y était à sa place, il s'est abîmé avec son armée dans le désastre de Sedan, parce que la tâche qu'il avait à remplir était au-dessus de ses facultés. Avec un esprit plus porté à la méditation, plus habitué à combiner avec rigueur les éléments d'une question, il eût vu de suite que la tâche que le Ministre voulait lui assigner était impossible à remplir ; il aurait compris surtout qu'on ne pouvait réussir qu'à certaines conditions, et qu'il fallait avant tout voir si elles étaient réalisées.

Avec un esprit plus aiguisé, plus sagace, il se fût rendu compte, au premier choc de l'ennemi, de l'imminence du péril dont il était menacé, et il lui suffisait de s'en rendre compte pour sauver son armée. Mais le chef de l'armée de Châlons n'était qu'un brillant soldat. Il était capable de remplir un des premiers rôles dans une de ces pièces où se joue la grandeur des Etats, mais il n'était apte ni à composer la pièce, ni à en diriger la représentation. C'est pour cela que, chargé dans les conditions les plus difficiles de sauver une armée que d'autres avaient déjà compromise, il n'a réussi qu'à perdre celle dont il avait le commandement.

2° LA GUERRE EN PROVINCE EN 1870 ET M. DE FREYCINET

I

Au mois d'octobre 1870 la situation de la France était assurément critique, mais non pas désespérée. Avec les

forces en voie d'organisation à Paris et en province, il
n'était pas impossible d'avoir raison de l'invasion allemande[1]. Cependant tous les efforts ont été vains, et, en
posant les armes, trois mois plus tard, il a fallu souscrire
aux dures conditions du vainqueur et signer un traité qui
est un des plus malheureux de l'histoire de France[2].

Après avoir présenté le récit des événements, nous
nous proposons de rechercher les causes de nos nouvelles
défaites. Il y a, il est vrai, une manière simple d'expliquer l'impuissance de tous nos efforts, et qui peut dis-
penser de toute étude approfondie, c'est de dire qu'en
réalité nous n'avions plus d'armées capables de résister à
celles de l'Allemagne, aguerries par deux mois de campagne et surexcitées par le succès. Mais telle n'est pas
notre opinion; nous croyons au contraire que, même
après Sedan, tout n'était pas perdu et que si nos nouvelles armées avaient été mieux dirigées, il n'était pas
impossible, pendant la deuxième période des hostilités,
de réparer les malheurs de la première.

En faisant l'étude critique des opérations, nous nous
efforcerons d'être aussi exact au sujet des faits qu'impartial au sujet des hommes sur qui doit retomber la responsabilité des résultats obtenus.

Parmi ces hommes il en est un qui a joué un rôle capi-
tal en province, c'est M. de Freycinet à qui Gambetta
avait donné toute sa confiance en lui abandonnant la
direction des opérations. Pendant l'année même qui a
suivi cette malheureuse guerre, M. de Freycinet a
publié un volume intitulé *La guerre en Province* dans
lequel il s'est proposé de célébrer ses propres mérites, en
faisant retomber sur les autres la responsabilité de nos
défaites, et il faut reconnaître qu'il a réussi à convaincre

[1] *La Guerre éventuelle*, page 210.

[2] *Le Blocus de Paris et la première armée de la Loire*, tome I, page 121.

le gros public qu'il avait rendu des services inappré-
ciables à la cause de la défense nationale. Mais il y a
une contre-partie que connaissent ceux qui ont voulu en
savoir plus long en puisant à d'autres sources. La
réplique, d'ailleurs, ne s'est pas fait attendre. Il y a
longtemps que l'on a écrit et prouvé que le livre de
M. de Freycinet « n'est qu'un long mensonge où l'omis-
sion cache la vérité et l'hypocrisie la déguise ». Cette
phrase est extraite du *Journal du Loiret* du 15 novembre 1871, et elle est reproduite dans l'ouvrage que
le général d'Aurelle de Paladines a publié (p. 143) à la
suite de la guerre, sur les opérations de l'armée de la
Loire. Ceux qui voudront bien lire, non seulement cet
ouvrage, mais aussi ceux du général Chanzy et du général des Pallières seront rapidement convaincus que
l'appréciation du *Journal du Loiret* est d'une exactitude
absolue.

Pour mettre cette vérité en évidence, il suffira d'exposer brièvement le rôle joué par M. de Freycinet dans les
circonstances les plus décisives[1].

Avant tout, pour réussir, il fallait rechercher par
tous les moyens, l'entente entre les armées de Paris et
celles de province. Or, on savait à Tours, au siège de la
Délégation, qu'un plan de sortie avait été longuement
étudié par le général Ducrot. Il consistait à rompre la
ligne d'investissement par l'ouest en prenant la direction
de Rouen. Trochu et Jules Favre comprenaient qu'on
n'avait de chance de succès qu'avec le concours des forces
de province, et la Délégation fut invitée à réunir un
corps d'armée à Rouen pour tendre la main au général
Ducrot.

Il n'y a aucun doute au sujet des communications qui

[1] Les chapitres qui suivent ont été publiés dans les *Tablettes des
Deux Charentes*, du 8 au 29 juillet 1915.

furent établies à ce propos entre le gouvernement de
Paris et la Délégation de Tours. Dès le 14 octobre,
M. Ranc, partant en ballon par Tours, fut chargé d'exposer, à Gambetta, le plan de sortie par la Basse-Seine,
étudié par le général Ducrot, approuvé par le général
Trochu et recommandé par Jules Favre. Les 19, 23 et
25 du même mois, le général Trochu et Jules Favre
envoyèrent encore des dépêches dans le même sens
invitant Gambetta à diriger les principales forces orga-
nisées au-devant de l'armée de Paris, en les réunissant
d'abord à Rouen. Il n'y a aucun doute non plus au sujet
de l'arrivée de ces communications à Tours, car on sait
que, dès le 17 octobre, il en fut question chez M. de
Freycinet, au cours d'une réunion où se trouvaient
Gambetta et le général Bourbaki[1]. Mais comme le dit
le général Ducrot dans le livre qu'il a écrit sur la
défense de Paris, lettres, dépêches, messages, rien ne
peut faire prendre ce plan en considération... On ne
le discuta même pas et ce qui est encore plus extraordinaire, c'est que, en demandant au général d'Aurelle,
qui commandait en chef l'armée de la Loire, un projet
pour marcher sur Paris, non seulement on ne lui donna
pas connaissance de ce plan, mais comme il réclamait
quelques renseignements au sujet de ce qui se préparait
à Paris, on lui répondit qu'on n'en avait pas, ce qui était
faux, et que, du reste, il n'en avait pas besoin, ce qui
était inepte.

On peut lire dans l'ouvrage du général d'Aurelle
(pp. 179, 187, 189) la correspondance échangée à ce sujet
entre lui et la Délégation. La première lettre est signée :
de Freycinet ; la troisième, Léon Gambetta. Il est mani-

---

[1] On peut consulter sur ces événements l'ouvrage très documenté de
M. Dutrait-Crozon : *Gambetta et la Défense Nationale* (pages 241 et
suivantes) paru à la Nouvelle Librairie Nationale, en 1914.

feste, rien qu'à son ton cassant et présomptueux, qu'elle a été écrite aussi par M. de Freycinet, qui a préféré en laisser la responsabilité au ministre. Ce qui résulte de ces faits absolument authentiques, c'est que M. de Freycinet, à qui Gambetta avait eu le tort d'abandonner la direction des opérations, refusait d'entrer dans les vues du gouvernement de Paris. Et pourquoi? C'est que lui-même, ingénieur des mines, absolument étranger aux questions militaires, avait tiré de son cerveau un autre plan et qu'il voulait l'imposer aux hommes compétents qui commandaient à Paris et sur la Loire.

Ce plan consistait à chercher la réunion des deux armées françaises, non pas à l'ouest de Paris, mais à l'est, et, de Tours, on désignait au général Trochu la forêt de Fontainebleau comme le point de rendez-vous où, des deux côtés, on devait chercher à se joindre.

Quand même les projets du général Ducrot n'auraient pas été les meilleurs, on aurait dû les adopter, parce que, avant tout, on devait être convaincu que pour réussir, il fallait s'entendre. Et comme, dans tous les cas, la sortie de Paris devait être très difficile, on devait éviter d'obliger le général Ducrot à modifier tous ses préparatifs. Mais on avait d'autant moins d'excuses de rejeter ses propositions qu'en réalité elles étaient les seules capables de conduire au succès. C'est ce qu'il ne sera pas difficile de mettre en évidence.

II

Pour bien apprécier la valeur des deux plans de sortie de l'armée de Paris, l'un étudié par le général Ducrot, l'autre imaginé par M. de Freycinet et imposé par Gambetta, il suffit de se rendre compte de ce qui pouvait résulter de l'ensemble des opérations, selon que les armées de Paris et de la Loire auraient obtenu des succès ou subi des revers. Or, dans chacune des deux hypothèses, il y avait quatre cas possibles :

Ou bien les deux armées françaises auraient été simultanément victorieuees ;

Ou bien, au contraire, elles auraient été simultanément battues ;

Ou bien encore l'une d'elles pouvait être battue et l'autre victorieuse, ce qui comprend deux cas, suivant celle qui est victorieuse ou battue.

Or, il est clair que, dans le premier cas, la jonction des deux armées françaises était certaine, et que les Allemands auraient dû lever ce blocus au moins pour quelques jours, tandis que dans le second, la jonction était impossible, et que, des deux armées françaises, l'une était obligée de rentrer dans Paris et l'autre de se mettre en retraite.

Les conséquences des deux échecs simultanés ou de deux victoires simultanées étaient donc à peu près les mêmes dans l'hypothèse de l'attaque par Chartres que dans celle de l'attaque par Fontainebleau, mais il devait en être tout autrement dans le cas où l'on supposerait la victoire d'un côté et un échec de l'autre.

En envisageant la marche de l'armée de la Loire par Chartres, je suppose implicitement que l'on part de la situation qu'avait réellement l'armée de la Loire après la victoire de Coulmiers. Elle se trouvait aux environs d'Orléans, et, par suite, on ne pouvait songer à la transporter par la voie ferrée sur Rouen, comme le général Ducrot l'avait demandé. Mais sans appliquer son projet à la lettre, on pouvait en respecter l'esprit, c'est-à-dire se diriger vers la ligne d'investissement par l'ouest en marchant par Chartres pour arriver à Versailles ; il eût été d'ailleurs facile de modifier quelque peu la marche, en raison des renseignements que l'on aurait reçu de Paris[1].

Ceci posé, admettons d'abord la victoire de l'armée de Paris et la défaite de l'armée de la Loire.

Dans ce cas, cette dernière est toujours forcée à la retraite, mais le sort de l'armée de Paris est tout différent, suivant qu'elle a rompu la ligne d'investissement par la basse Seine ou par la Marne.

Dans la première hypothèse, sa victoire l'a conduite immédiatement sur Pontoise; elle y passe l'Oise et de suite se trouve débarrassée des armées allemandes et à même de continuer sur Rouen; en outre, l'armée de province, que nous supposons battue entre Chartres et Versailles, s'est repliée sur l'Eure, et, à moins d'être complètement désorganisée, elle peut encore protéger la continuation du mouvement de l'armée sortie de Paris et se joindre à elle.

Il en est tout autrement dans l'hypothèse de la sortie par la Marne. L'armée de Paris, après avoir rompu les lignes d'investissement, se trouve encore au milieu des armées allemandes.

Elle se rapproche de leur centre de gravité, tandis que du côté opposé, elle se trouve à l'extrémité de la zone de leur occupation. De plus, elle n'a aucun appui à attendre de l'armée de la Loire, qui a été obligée de se mettre en retraite, soit sur Orléans soit sur Gien.

Donc, l'armée de Paris, en se portant entre la Marne et la Seine, est à peu près sûre d'être détruite.

Ainsi, dans ce cas de la défaite de l'armée de la Loire, l'armée de Paris peut se sauver par sa seule victoire, si elle a opéré par la basse Seine, tandis qu'elle n'a aucun parti à en tirer si elle a porté son effort sur la Marne.

Examinons maintenant le cas où c'est l'armée de Paris

---

[1] Le fond de cet article est tiré du *Blocus de Paris*, tome II, page 96; tome III, page 157.

qui échoue et celle de la Loire qui est victorieuse. Si cette
dernière s'est avancée par Chartres sur Versailles, elle
peut attaquer la ligne d'investissement. Les Allemands,
pour ne pas être acculés sur la capitale, sont obligés de
lever le blocus et l'armée de Paris en profite pour sortir
et se joindre à l'armée de la Loire.

Si, au contraire, cette dernière s'est avancée sur Fontainebleau, le prince Frédéric-Charles, obligé de céder le
terrain, peut se retirer sur Paris par la rive gauche de la
Seine, ou bien se couvrir de ce fleuve en le traversant.
Mais, d'après les projets communiqués au gouvernement
de Paris, l'armée française victorieuse peut être conduite
à travers la Seine, car elle attend le général Ducrot sur
la rive droite, et, quoique nous le supposions arrêté dans
sa tentative de sortie, le général en chef de l'armée de la
Loire, à moins de renseignements précis, ne peut pas se
diriger d'après cette hypothèse, car si elle n'était pas réa-
lisée, le général Ducrot se trouverait isolé au milieu des
armées allemandes entre la Marne et la Seine. L'armée
de la Loire, si elle arrive jusqu'à Fontainebleau, peut
donc être amenée à passer la Seine, et si le général Ducrot n'est pas sorti, ce que nous supposons, c'est elle qui
se trouve seule au milieu des forces ennemies.

Ainsi, dans les deux cas où l'une seulement des deux
armées françaises est victorieuse et l'autre battue, la victoire obtenue peut amener les plus heureux résultats, si
l'on a opéré par l'ouest de Paris, tandis que l'armée qui
a commencé par obtenir des succès est à peu près certaine
d'essuyer ensuite un désastre si l'on a agi dans la direction de Fontainebleau.

En résumé, on voit par cette discussion que, des quatre
cas possibles, trois nous sont favorables dans l'hypothèse
d'une opération combinée par la basse Seine, tandis que
trois nous sont contraires si l'on veut opérer à l'est de
Paris.

Encore doit-on remarquer que, pour arriver à cette
conclusion, il faut admettre que les chances de succès de
l'armée de Paris et de celle de la Loire étaient à peu près
égales. Or, en réalité, il en était tout autrement. L'armée
de la Loire en opérant bien, et quoiqu'elle ait déjà manqué les meilleures occasions, pouvait encore espérer battre
les forces qu'elle avait devant elle, tandis que l'armée de
Paris était à peu près sûre d'échouer en attaquant la ligne
d'investissement, de sorte que des quatre cas que nous
venons d'examiner, on peut commencer par écarter ceux
où l'on suppose l'armée de Paris victorieuse et n'envisager que les conséquences des premières opérations de
l'armée de la Loire.

Or, comme nous l'avons vu, si cette dernière est battue, quel qu'ait été son objectif, le résultat est toujours
de l'éloigner de Paris. Si elle est victorieuse, elle a des
chances de débloquer Paris en opérant par Chartres, tandis qu'au contraire, elle risque de se perdre en marchant
par Fontainebleau.

En somme, nous sommes amenés à conclure de
l'analyse de la situation, qu'en opérant par Chartres,
on pouvait espérer dégager la capitale, tandis que par
Fontainebleau on courait au-devant de nouveaux désastres.

J'ajouterai encore qu'au point de vue de l'exécution
des mouvements de l'armée de la Loire, la région comprise entre la Loire et la Seine, au sud-ouest de Paris,
présentait des avantages tout particuliers que l'on ne
pouvait rencontrer nulle autre part. On sait qu'une armée,
pour soutenir un effort prolongé a besoin non seulement
de combattants, mais encore de nombreux convois pour
amener des vivres et des munitions. Or, il est certain que,
sous ce rapport, l'organisation de l'armée de la Loire
était bien imparfaite ; mais on pouvait suppléer à l'in-
suffisance de ses convois par un emploi judicieux des

voies ferrées qui, justement, se trouvaient merveilleu-
sement tracées au sud-ouest de Paris.

On peut remarquer, en effet, que tandis que l'armée
française était appelée à opérer entre Orléans, Châteaudun, Chartres, Dreux, nous disposions à vingt ou trente
lieues de la zone de ses opérations, d'une ligne ferrée
embrassante, allant de Bourges par Tours et le Mans sur
Argentan ; de cette ligne se détachaient plusieurs autres
voies ferrées allant de Bourges ou de Tours sur Orléans,
de Tours sur Châteaudun, du Mans sur Chartres, d'Argentan sur Dreux.

Pour assurer le ravitaillement de nos forces combattantes, il suffisait donc d'organiser, sur la ligne embrassante, *des trains de vivres et de munitions* qui auraient suivi
parallèlement tous les mouvements de l'armée et qui, en
utilisant les autres lignes qui s'en détachaient vers
Paris, auraient toujours été en mesure de remplacer les
munitions consommées dans la nuit qui suivait une
bataille.

Les propriétés que nous venons de mettre en relief
subsistaient encore jusqu'à Gien, car la ligne embrassante
se prolongeait de Bourges sur Nevers, d'où se détache la
ligne de Montargis. Mais au delà de Loing, elles cessaient
d'exister, la grande ligne de Dijon étant aux mains des
Allemands. Du côté opposé, au contraire, on retrouvait
les mêmes avantages en se dirigeant de Chartres ou de
Dreux sur la Seine, car la ligne embrassante se prolongeait par Serpigny sur Rouen, et de ces deux points
partent vers Paris les deux lignes ferrées qui se réunissent
à Mantes.

Cette seule raison aurait dû nous amener à faire de la
région située au sud-ouest de Paris le théâtre principal
de la lutte. Toutes les raisons étaient donc réunies pour
inviter la Délégation de Tours à se conformer aux propositions du général Ducrot. On en aurait été facilement

convaincu s'il y avait eu chez M. de Freycinet un peu
plus de bon sens et un peu moins de présomption.

III

Il résulte de la discussion que je viens de présenter,
que le plan de sortie par la Basse-Seine proposé par le
général Ducrot, présentait des chances sérieuses de réus-
site, si l'on en avait poursuivi l'exécution pendant la
deuxième quinzaine du mois de novembre 1870, tandis
que celui de M. de Freycinet n'en offrait aucune. Celui-ci
est donc sans excuse d'avoir rejeté un projet que le
général Trochu avait approuvé et que Jules Favre avait
recommandé, et il doit supporter toute la responsabilité
de ce rejet. Mais pour bien apprécier le rôle qu'a joué
M. de Freycinet dans le désastre qui attendait l'armée de
la Loire, il ne faut pas négliger de faire ressortir son
intervention journalière dans l'exécution des opérations.
C'est lui qui, à la gauche de l'armée, dirige le 17e corps
sur Châteaudun, lequel, sous la menace du duc de
Mecklembourg, n'ayant pas de secours à attendre, se
retire en désordre dans la forêt de Marchenoir. En
même temps, du côté opposé, à la droite de l'armée, les
18e et 20e corps sont portés, par les ordres directs de
M. de Freycinet, dans la direction de Beaune-la-Rolande
et même jusqu'à Montargis ; après avoir échoué le 28 novembre, ils sont obligés de se retirer fortement éprouvés.
Ces mouvements décousus furent exécutés d'après les
ordres de la Délégation qui jugea tout juste utile d'en
avertir le général en chef. Le résultat fut que, à la fin
du mois de novembre, l'armée de la Loire se trouva
dispersée sur un front de 80 kilomètres, avec trois corps
sur cinq en mauvais état.

De sorte qu'après avoir imposé au général Ducrot un nouveau plan, on ne se trouvait même pas en mesure d'y concourir dans des conditions favorables. On se trouvait dans cette situation lorsque, dans l'après-midi du 30 novembre, on reçut, du gouverneur de Paris, une dépêche, d'après laquelle le général Ducrot avait dû commencer ses opérations le 29 et tenter de sortir de Paris par la Marne. On comprit qu'il n'y avait pas de temps à perdre. M. de Freycinet télégraphia de suite au général en chef de terminer ses préparatifs pour se porter en avant et convoqua les principaux généraux au quartier général de Saint-Jean-de-la-Ruelle, dans le but d'arrêter les dispositions à prendre pour marcher au devant de l'armée de Paris. C'est dans cette circonstance que M. de Freycinet devait donner toute la mesure de son infatuation malfaisante. Le soir du 30, il arrivait au quartier général avec un plan tout préparé.

Il s'agissait de marcher sur Pithiviers en faisant d'abord exécuter à la gauche de l'armée une conversion dont la 1re division du 15e corps, établie à Chilleurs-aux-Bois, formerait le pivot. Le 16e corps qui se trouvait à l'aile marchante, ayant le plus long chemin à parcourir, devait se mettre en mouvement le 1er décembre. Les 3e et 2e divisions du 15e corps, partant de Gidy et de Chevilly, devaient l'appuyer le jour suivant. Le 17e corps, qui se trouvait à Coulmiers, devait s'avancer sur les traces du 16e de manière à couvrir Orléans ; enfin, les corps 18 et 20, qui formaient la droite de l'armée, devaient recevoir en temps opportun des ordres du ministre pour marcher sur Pithiviers, par Beaune-la-Rolande.

En entendant de pareilles propositions, tous les généraux présents se récrièrent. Ils reconnaissaient bien la nécessité de se porter en avant au plus vite, mais ils essayèrent de mettre en évidence le danger qu'allait courir le 16e corps, car celui-ci pouvait être accablé par les forces allemandes que l'on savait exister d'Orgères à Toury.

Le général d'Aurelle aurait voulu, avant de se porter à l'ennemi, concentrer au moins les corps 15 et 16 et rapprocher les corps 20 et 18 du centre de l'armée.

M. de Freycinet ne voulut rien entendre ; il finit par déclarer que le plan qu'il indiquait avait été irrévocablement arrêté à Tours.

— « Puisqu'il en est ainsi, dit le général Chanzy, ce n'était pas la peine de nous réunir pour nous consulter ; il n'y avait qu'à nous envoyer des ordres de Tours »[1].

Néanmoins les généraux crurent devoir céder aux injonctions du délégué du ministre, et l'on se sépara vers 10 heures et demie pour se préparer à la marche qui devait commencer le lendemain.

On sait ce qui arriva. Après un brillant début à Villepion, le 1er décembre, nos corps dispersés furent successivement battus, le 16e à Loigny le 2 décembre, le 15e à Chevilly et à Chilleurs le 3 et le 4, aux portes d'Orléans qu'il fallut évacuer la nuit suivante. Pendant ce temps, les corps 18 et 20 restaient complètement inactifs à la droite. Le 5, l'armée de la Loire, qui avait été forte de 180.000 hommes, et qui était notre dernier espoir, se trouva rompue en tronçons, après avoir perdu 25.000 hommes dont 18.000 prisonniers.

Tel était le résultat de l'intervention outrecuidante de M. de Freycinet ; mais loin d'en accepter la responsabilité, il eût encore l'impudence de vouloir la rejeter sur le général en chef. Le soir du 3 décembre, il écrivit au général d'Aurelle une lettre dans laquelle il lui reprochait la dispersion de l'armée, comme si ce n'était pas lui-même qui avait exigé que l'on se portât en avant sans la concentrer.

[1] Martin des Pallières, page 172.

Sans doute les dispositions du général en chef pendant
ces tristes journées ne sont pas irréprochables, mais en
réalité il ne mérite qu'un reproche grave, c'est celui
d'avoir consenti à exécuter un plan que lui-même, aussi
bien que les généraux Chanzy et Borel trouvaient dangereux. Car il faut bien remarquer que, malgré les
fautes des jours précédents, tout n'était pas perdu. Ces
fautes pouvaient être réparées à la seule condition de
concentrer l'armée avant de la porter à l'ennemi. Sans
doute, de quelque manière que l'on s'y prît, on n'aurait
pas joint l'armée de Paris qui n'avait pas réussi à sortir ;
mais au moins l'armée de la Loire serait restée intacte,
et l'on aurait pu faire une nouvelle tentative dans des
conditions plus avantageuses. Puisque le général d'Aurelle avait avec lui ses principaux subordonnés, il aurait
dû résister à M. de Freycinet et refuser absolument
d'obéir à ses injonctions. On doit reconnaître cependant
qu'en consentant à rester, malgré tout, à la tête de
l'armée qu'il avait créée et déjà conduite à la victoire, il
avait une excuse des plus honorables, car il devait en
coûter à ce vieux soldat d'abandonner cette armée, au
moment où elle allait engager la lutte décisive. On peut
donc faire valoir en sa faveur quelque circonstance atté-
nuante ; mais il n'y en a pas pour M. de Freycinet, car
l'infatuation n'excuse pas l'incapacité, c'est au contraire
une circonstance aggravante.

IV

C'est donc bien M. de Freycinet qui doit être considéré comme l'auteur responsable de la défaite de l'armée de la Loire. Après avoir rejeté sans examen le
seul plan de sortie qui eût quelque chance d'aboutir,

il avait amené la désorganisation de la seule armée de province qui pût tenter de dégager Paris. Mais nous ne sommes pas au terme de ses méfaits. Loin de se décourager, il allait au contraire prétendre plus que jamais à la direction des opérations. Pour faire accepter la persistance de son ingérence, il fallait tout d'abord faire retomber sur les autres les causes de la grave défaite que l'armée de la Loire venait d'éprouver. Comme on l'a vu, le soir du 3 décembre, alors que le désastre n'était pas encore consommé, M. de Freycinet avait eu l'aplomb de reprocher au général d'Aurelle de s'être porté à l'ennemi avec des corps mal concentrés, alors que c'était lui qui s'était opposé à leur concentration préalable. D'autre part, à la suite de la bataille de Beaune-la-Rolande, le général Crouzat avait envoyé une dépêche au ministre pour lui faire connaître ses pertes et l'état de dénûment de ses troupes qui avaient un besoin absolu de havresacs, de souliers et d'effets de campement (d'Aurelle, page 245). M. de Freycinet répondit au général Crouzat par une lettre blessante et insultante à un tel point qu'en en recevant communication, le général en chef déclara à son chef d'état major (page 248) qu'il ne la transmettrait pas, parce que c'était un *assassinat moral*. Mais le général Borel lui fit observer que cette dépêche avait été adressée directement au commandant du 20° corps, et qu'il n'en avait lui-même qu'une copie. Le général d'Aurelle, en rapportant cet incident, ajoute qu'il a vu le général Crouzat long-temps après et que l'impression produite par cette injure imméritée n'était pas encore effacée.

Voilà comment M. de Freycinet traitait les hommes qui se dévouaient sans ménagement pour la défense du pays.

Enfin, pour qu'il fût bien entendu par tout le pays, que le général en chef était l'auteur de la défaite de

l'armée de la Loire, on lui enleva son commandement
(page 354), en le nommant à celui des lignes de Cher-
bourg, que le général d'Aurelle ne crut pas de sa dignité
de pouvoir accepter. Mais tout n'est pas encore fini. La
même dépêche qui faisait connaître au général d'Aurelle
sa destitution, annonçait en même temps que l'ensemble
des forces réunies sur la Loire formerait désormais deux
armées, l'une comprenant les corps 16 et 17, sous le
général Chanzy, l'autre les corps 15, 18 et 20, sous le
général Bourbaki. Cette dernière était complètement
dispersée et les troupes à bout de forces. Au 15e corps,
en particulier, après avoir passé la nuit du 4 au 5 décembre aux abords d'Orléans, on arriva, le 5, à La
Motte-Beuvron, complètement épuisé et désorganisé. On
continua sur Salbris le 6, où le général des Pallières
espérait s'arrêter pour remettre de l'ordre dans ses
troupes ; mais le jour même, en même temps qu'il était
avisé de la suppression du commandement en chef de
l'armée de la Loire, il recevait l'ordre de M. de Freycinet de se porter immédiatement sur Gien, afin de concourir avec le 18e corps à une vigoureuse offensive, sous
les ordres du général Bourbaki (des Pallières, page 254).
L'exécution d'un ordre pareil ne pouvait qu'achever la
désorganisation du 15e corps. Le général des Pallières
en fut tellement écœuré qu'il écrivit de suite à l'amiral
Fourichon, dont il dépendait (page 262), d'abord pour
protester contre les instructions qu'il venait de recevoir,
et, ensuite, pour lui demander de le faire relever de son
commandement. Avant qu'il ait été statué sur cette
demande, le général mit, le 7, ses troupes en marche
dans la direction de Gien. En arrivant à Aubigny, les
hommes durent bivouaquer dans la neige. Mais, pendant
ce temps, le ministre de la guerre avait été obligé de
renoncer au mouvement sur Gien, le général Bourbaki
déclarant toute offensive impossible pour le moment et

jugeant qu'il convenait de concentrer l'armée à Bourges.
Des Pallières eût l'ordre d'y être le 9, mais, en réalité,
il n'y arriva que le 10, avec le 15e corps, on devine dans
quel état. Dans l'intervalle, il avait été avisé que sa
démission ne pouvait être acceptée pour le moment,
mais elle le fut le 12 (page 284).

Pendant ce temps, le général Chanzy, qui commandait les 16e et 17e corps, s'était replié par la rive droite
de la Loire et put s'établir entre la forêt de Marchenoir
et Beaugency. Pendant quatre jours, du 7 au 10 décembre, il parvint à tenir en échec le duc de Mecklembourg, renforcé d'une partie des troupes du prince Frédéric-Charles. Soutenu à gauche par le 21e corps, de
nouvelle formation, Chanzy promettait de tenir ferme
les jours suivants, à la condition que de l'autre côté de
la Loire, on arrêtât les progrès des Allemands.

Mais, au contraire, les mouvements incohérents prescrits par M. de Freycinet avaient complètement dégarni
la rive gauche. Un corps allemand (le 9e), put s'y engager sans trouver de résistance sérieuse et même détruire
la voie ferrée qui va de Vierzon à Tours. Cependant, sur
les instances réitérées du général Chanzy, M. de Freycinet émit l'avis qu'il fallait le soutenir avec la première
armée, ne voulant pas comprendre qu'il l'avait mise
lui-même dans un tel état qu'elle était incapable de
faire un effort sérieux. On la mit néanmoins en mouvement le 12 décembre et, dans cette journée, le 15e corps
arriva à Mehun. Mais là, le général Bourbaki déclara
qu'il ne commandait plus qu'à un troupeau d'hommes
démoralisés, réduits à la misère et qu'il n'était pas possible d'aller plus loin. D'ailleurs, il était trop tard, les
quelques troupes désorganisées, chargées de défendre
Blois, avaient dû l'abandonner et le général Chanzy
avait dû se mettre en retraite dans la direction de Vendôme. Or, il est certain qu'en agissant autrement, il

n'eût pas été impossible de venir à son secours. Le général Martin des Pallières a fait observer fort judicieusement (page 320), que si on avait laissé le 15e corps battre
en retraite le 4 décembre, comme le général d'Aurelle
l'avait d'abord décidé, deux jours plus tard il eût été en
mesure de reprendre l'offensive, ensuite que, si on
l'avait laissé se remettre entre Salbris et Vierzon, il suffisait de huit jours de repos pour le réorganiser ; mais
qu'après sa marche sur Aubigny, Bourges et Mehun, on
ne pouvait rien en attendre avant quinze jours au moins.
En réalité, il aurait suffi d'éviter cette dernière faute
pour permettre au général Chanzy de prolonger sa
résistance, car pendant que le 15e corps se réorganisait en
avant de Vierzon, avec l'aide du 20e venant d'Argent le
rejoindre, il pouvait tenir tête au corps allemand de la
rive gauche, et en même temps, le 18e corps qui était
en assez bon état, tout en se retirant de Gien dans la
direction de Nevers, pouvait envoyer par voie ferrée deux
de ses divisions pour appuyer le général Chanzy. Ces
divisions débarquant à Selles et à Saint-Aignan, auraient
marché sur Blois et arrêté toute menace sur la ligne de
retraite de la deuxième armée de la Loire. Ainsi, M. de
Freycinet, après avoir amené la défaite d'Orléans par les
dispositions qu'il avait imposées au conseil de guerre de
Saint-Jean-de-la-Ruelle, avait encore trouvé le moyen
de rendre cette défaite irréparable par les mouvements
incohérents qu'il avait prescrits les jours suivants. Mais
il y avait encore une faute à commettre et M. de Freycinet ne devait pas en manquer l'occasion.

V

Au milieu du mois de décembre 1870, les deux
armées de la Loire, commandées respectivement par

Bourbaki et par Chanzy, étaient complètement séparées. La deuxième armée, après quatre jours d'une résistance opiniâtre pendant lesquels son chef avait montré les qualités d'un homme de guerre du plus haut mérite, avait été obligée de se mettre en retraite sur le Loir. Le 15, elle avait livré à Vendôme une nouvelle bataille, dans laquelle elle avait tenu tête péniblement aux forces réunies du duc de Mecklembourg et du prince Frédéric-Charles et dès le lendemain elle avait repris son mouvement rétrograde dans la direction du Mans.

Pendant ce temps, la première armée s'efforçait de se reconstituer aux environs de Bourges. Chanzy ne cessait de demander son appui ; mais loin de répondre à cet appel, Gambetta et Bourbaki furent d'accord, le 16, pour diriger la première armée sur Fontainebleau par Gien et Montargis. C'était un projet déplorable et si l'on avait essayé de le mettre à exécution l'armée française aurait cessé d'exister au bout de huit jours. Mais quand M. de Freycinet, qui se trouvait à Bordeaux, en fut avisé, il répondit par un autre projet encore pire et qui consistait à porter les 18e et 20e corps dans l'Est, en laissant le 15e en avant de Bourges. Gambetta y avait déjà songé ; il estimait que, par un pareil mouvement, on dégageait à la fois Chanzy et Paris ; aussi se rallia-t-il volontiers à la proposition du délégué de la guerre, qui lui fut apportée par le sieur Wieczffinski, dit de Serres. Ce nouveau personnage avait gagné la confiance de M. de Freycinet et il faut reconnaître qu'il en était tout à fait digne, car il ne lui cédait en rien sous le rapport de l'incapacité et de la présomption. Le comble de l'ignorance est de ne pas se douter qu'il y a quelque chose à apprendre ; c'était le cas de ces messieurs : ne sachant rien en matière militaire, ils se croyaient capables de tout. Une fois l'adhésion de Gambetta obtenue, il n'y avait plus qu'à gagner celle de Bourbaki, et ce ne fut pas difficile. A peu près insensible à tout ce qu'on lui proposait, il accepta d'aller dans l'Est avec les 18ᵉ et 20ᵉ corps. On se mit d'accord le 19 décembre et l'on convint que le mouvement par voie ferrée commencerait le lendemain.

Ce devait être la dernière conception de M. de Freycinet ; on devait la payer cher, car on peut dire que c'est à ce moment que la ruine de l'armée française fut décidée. Ce n'est pas que l'idée de menacer les communications des Allemands fût par elle-même absolument mauvaise. Si avant la capitulation de Metz, le Gouvernement de la Défense nationale avait pu réunir une grande armée, c'était, à notre avis, dans les Vosges qu'il aurait dû la concentrer. Cette armée, partant de Besançon-Langres, aurait marché sur Metz par Épinal et Nancy, et si elle avait réussi à battre l'armée du prince Frédéric-Charles, avec le concours de Bazaine, nous nous serions trouvé avec plus de 300.000 hommes sur les communications des Prussiens, après avoir battu une de leurs armées. Il est clair que c'était un immense résultat qui, à lui seul, pouvait amener le salut de la France.

Mais, après la chute de Metz, l'attaque de la ligne d'opérations des Prussiens n'offrait plus les mêmes avantages.

Il n'y avait plus une forte armée à qui tendre la main, une forte place dont on pouvait s'appuyer, une armée ennemie nombreuse mais isolée que l'on pouvait espérer battre avant le retour de celle de Paris. On pouvait se trouver, au contraire, dans une position critique en s'avançant dans l'Est, fût-ce avec 200.000 hommes, tandis que l'ennemi en avait plus du double entre Paris et la frontière.

On sait ce qui est arrivé. La première armée, après une tentative infructueuse pour dégager Belfort, fut attaquée par une nouvelle armée allemande et obligée

de se réfugier en Suisse. Il est vrai que si la conception
de l'opération était fausse dans son principe, l'exécution
fut pitoyable ; je reconnaîtrais volontiers que si l'on s'y
était mieux pris, on avait des chances sérieuses de
dégager Belfort, mais cela n'eût pas empêché Chanzy
d'être accablé par les forces du duc de Mecklembourg
et de Frédéric-Charles, et, après, Paris de capituler. Si,
après le déblocus supposé de Belfort, on avait voulu
marcher sur Épinal, on s'y serait trouvé acculé aux
Vosges, sans ressources et complètement détruit.

Ce qu'il faut conclure de ces observations c'est que si,
au milieu de décembre, il y avait encore un moyen de
rétablir la situation, il n'y en avait qu'un, c'était de
répondre à l'appel de Chanzy et d'aller directement à
son secours par les voies les plus rapides. Gambetta avait
vu le commandant en chef de la deuxième armée de la
Loire, pendant qu'il montrait tant de ténacité aux lignes
de Josnes ; en l'approchant, il avait pu apprécier tout
son mérite. Écrivant à Jules Favre quelques jours plus
tard, il lui disait que « Chanzy était un grand citoyen
en même temps qu'un vrai général et que c'était le
véritable homme de guerre supérieur qu'avaient révélé
les derniers événements ». Cette fois Gambetta avait
bien jugé. Il avait sous la main un homme d'un mérite
exceptionnel, possédant toutes les qualités d'un général
en chef, tant au point de vue du caractère que du savoir
professionnel. Mais alors pourquoi, l'ayant reconnu, ne
pas suivre ses avis ? Il aurait dû y être d'autant mieux
porté que, du 12 au 15, M. de Freycinet estimait que
c'était ce qu'il y avait de mieux à faire. Il est vrai qu'à
ce moment la première armée était dans un tel état
qu'on ne pouvait lui demander de suite aucun effort
sérieux ; mais en lui donnant le temps de se remettre,
ce n'était pas une raison pour renoncer à une opération
qui était la seule raisonnable. Sans doute, à partir du

10, on ne pouvait plus empêcher la retraite de Chanzy, mais il était encore temps d'aller à son secours et d'y arriver avant qu'il ne fût accablé par ses adversaires. Il y avait, à la première armée, un corps qui était relativement en assez bon état, c'était le 18e. Le 14, on pouvait le mettre en mouvement dans la direction de Tours ; il y serait arrivé le 19 et, après un jour de repos, aurait été disponible pour marcher sur la Loire. Pendant ce temps le 15e corps se réorganisait entre Vierzon et Romorantin, ayant le 20e à sa droite. A partir du 21, il pouvait être embarqué en chemin de fer à Selles-sur-Cher pendant que le 18e marchait sur La Châtre et Château-du-Loir. Le 22 au soir, on aurait eu entre ces deux points une cinquantaine de mille hommes qui, à partir du lendemain, auraient pu combiner leurs opérations avec la deuxième armée. Si Chanzy demandait un ou deux jours de répit ou même davantage, avant de reprendre ses opérations, rien ne s'opposait à ce que l'on se conformât à ses désirs ; c'eût été au contraire un moyen de permettre aux troupes de la première armée de reprendre plus de consistance et d'avoir sur le Loir 70.000 hommes au lieu de 50.000, car on pouvait aussi y attirer une division du 20e corps. Il n'était pas encore impossible de réparer la défaite d'Orléans, car on aurait pu attaquer Frédéric-Charles avec des forces doubles des siennes. Tout n'était pas encore perdu, tandis qu'après l'envoi de la première armée dans l'Est, il n'y avait plus rien à espérer.

Chanzy abandonné à lui-même devait être battu au Mans, tandis que la première armée allait se briser sur Belfort. Voilà à quoi l'on arrive lorsque la guerre est dirigée à tort et à travers, sans aucun principe. Il n'y avait dans les armées de la Loire qu'un homme qui en possédât et on ne voulut pas le comprendre. Lui seul était capable de s'inspirer des idées fondamentales de la stratégic napoléonienne qu'il avait sans doute méditée, tandis que l'on préféra suivre les exemples donnés par les généraux de la guerre de Sept ans. Ceux qui ont étudié l'histoire militaire savent, en effet, qu'en 1761, Soubise se fit battre à Wellinghausen, par Ferdinand de Brunswick, quoiqu'il eût des forces doubles de celles de son adversaire, c'est-à-dire dans les mêmes conditions que l'armée de la Loire en avant d'Orléans. Après avoir subi cet échec, le favori de Mme de Pompadour ne trouva rien de mieux à faire que de séparer son armée. « Sa conduite, dit à ce propos Napoléon, est ce qui attestera à jamais l'incapacité absolue de ce général bien plus encore que le combat de Gotha et la bataille de Rosbach. La résolution qu'il prend, dans l'embarras où il se trouve, de séparer ses forces et d'envoyer le duc de Broglie à droite pendant que lui-même se porte à gauche, du côté du Rhin, est le maximum de l'ineptie et de l'incapacité. [1] »

M. de Freycinet, en 1870, ne reconnaissait sans doute pas les opérations de la guerre de Sept ans, ni les observations qu'elles ont suggérées à Napoléon ; mais, par ses aptitudes naturelles, il s'est trouvé porté instinctivement à marcher sur les traces de Soubise, voulant donner jusqu'à la fin, et sans se démentir un seul jour, la mesure de ses capacités.

VI

Dans cette étude, je me suis proposé de faire ressortir le rôle néfaste rempli par M. de Freycinet pendant la seconde partie de la guerre de 1870.

[1] *Journal des Sciences militaires*, mars 1881 : *La 3e Maxime de Napoléon Ier*.

Avant de conclure nous pouvons récapituler :

1° M. de Freycinet refuse de concourir au plan de sortie par la basse Seine, étudié par Ducrot, approuvé par Trochu et recommandé par Jules Favre. Il s'abstient, d'accord avec Gambetta, d'en donner communication au général en chef de l'armée de la Loire ;

2° Après avoir imposé un nouveau plan au gouverneur de Paris, sans rien dire encore du but qu'il poursuit, il disperse l'armée de la Loire et en fait battre des fractions importantes à ses extrémités ;

3° Le moment venu d'entrer en opérations, sous le prétexte d'aller au devant de l'armée de Paris, il impose un plan de sa façon, malgré les protestations des principaux généraux de l'armée de la Loire : l'armée est battue, Orléans évacué ;

4° Au lieu de laisser aux troupes le temps de se refaire, ne tenant aucun compte de leur état matériel et moral, il leur prescrit des mouvements incohérents qui achèvent la désorganisation d'une partie d'entre elles ; pendant quinze jours, elles se trouvent réduites à l'impuissance ;

5° Enfin, quand la première armée se trouve à peu près remise, M. de Freycinet ne trouve rien de mieux à faire que de la diriger vers l'Est, livrant la deuxième aux coups de toutes les forces allemandes qui se trouvaient entre la Loire et le Mans.

De toutes ces fautes, la dernière est la plus grande, tant au point de vue des principes que par les résultats qu'elle a produits. Il n'est guère de général, même parmi les plus célèbres, qui n'ait commis quelques erreurs. Turenne, Frédéric, Napoléon n'en sont pas exempts. Mais les fautes commises à la guerre n'ont pas toutes, à beaucoup près, la même gravité. Les unes sont facilement réparables, tandis que d'autres entraînent forcément des conséquences désastreuses et décisives. Ainsi, au début de la guerre de 1870, les mauvaises dispositions prises par l'état-major français ont amené les défaites de Wœrth et de Forbach, mais elles ne changeaient pas beaucoup la situation des armées en présence, *ces défaites mettaient seulement en évidence notre infériorité, c'était un avertissement* qui aurait dû nous convaincre qu'il n'était pas possible de soutenir la lutte avec avantage à proximité de la frontière. Si on l'avait compris, rien n'était perdu. Au contraire, lorsque, après la bataille de Rezonville, Bazaine, au lieu de reprendre son chemin vers la Meuse, ramena son armée sur Metz, il commet une faute à peu près irréparable ; les capitulations de Sedan et de Metz devaient en être les conséquences.

De même, sur la Loire, le refus de concourir au plan de sortie par la basse Seine, toutes les dispositions qui ont amené la défaite d'Orléans, même les mouvements incohérents qui l'ont suivie et aggravée, tout cela n'empêchait pas l'armée française de se reprendre et de recommencer la lutte avec quelque espoir de succès. Au contraire en envoyant la 1re armée dans l'Est, on commettait une faute irrémédiable et l'on peut dire que c'est exactement à partir de ce moment que nous avons perdu nos dernières chances.

Mais, en rapprochant les fautes commises par Bazaine de celles qui sont imputables à M. de Freycinet, on peut, en même temps, établir des différences qui ne sont pas à l'avantage de ce dernier. Quand Bazaine, après Rezonville, ramenait son armée sur Metz, il commettait assurément une erreur capitale, mais non seulement cette erreur était celle de beaucoup des chefs de l'armée qui l'entouraient, mais jusque dans ces derniers temps, il s'est trouvé de nombreux écrivains militaires pour déclarer que le retour sur Metz était ce qu'il y avait de mieux à faire. Avec les idées qui régnaient à cette époque sur les propriétés des *pivots stratégiques*, il n'est pas éton-

nant que Bazaine ait pensé comme eux, et que craignant
de perdre son armée en la remettant en marche, il ait
préféré lui donner l'appui d'un camp retranché qui, au
moins, allait la sauver provisoirement. On peut donc
faire valoir, en faveur de Bazaine, des circonstances atténuantes, je dirai même qu'il n'est pas permis de les négliger, si l'on veut le juger sans parti pris ; mais je crois
en même temps qu'il serait difficile d'en trouver pour
excuser les erreurs de M. de Freycinet. Pendant six semaines, il n'a cessé de contrecarrer les vues des généraux
qui commandaient nos armées, sans jamais appuyer son
opposition de quelque motif raisonnable. N'ayant aucune
idée de la conduite des opérations militaires, il n'hésitait
pas à substituer à leurs propositions les fantaisies de son
imagination aussi déréglée qu'outrecuidante. Aussi, j'estime que s'il n'a pas une plus grande part que Bazaine
dans les malheurs qui nous ont accablés, il est mora-
lement cent fois plus coupable que le commandant de
l'armée de Metz, et ce n'est pas sans raison que le général
d'Aurelle de Paladines a pu le désigner comme le mauvais génie de la Patrie.

Cependant, tandis que Bazaine a été condamné à mort,
M. de Freycinet a été comblé d'honneurs pendant quarante ans. Politicien de marque, dépourvu de tout scru-
pule, très sensible à la flatterie, doué de ce genre de
finesse dont la Bruyère a dit que « c'était l'occasion pro-
chaine de la fourberie », il a su s'entourer d'une foule
d'arrivistes intrigants qui, en bénéficiant de ses faveurs,
se sont employés à célébrer ses mérites. On l'a vu, tour
à tour, ministre aux travaux publics, aux affaires étrangères et à la guerre, laissant partout la trace de son esprit
chimérique et désordonné. Et comme si ce n'était pas
assez d'avoir contribué plus qu'aucun autre à nos désastres
de 1870, il a tenu, contre ceux qui préparaient la Revanche, à appuyer de toute son influence, la loi réduisant

14

le service militaire à deux ans. Tout cela ne l'a pas
empêché d'être membre de l'Académie des sciences et de
l'Académie française.

Telle est la justice des contemporains qu'il ne faut pas
confondre avec le jugement de la postérité.

IV

LA « GUERRE ÉVENTUELLE »

ET

L'OFFENSIVE ALLEMANDE PAR LA BELGIQUE

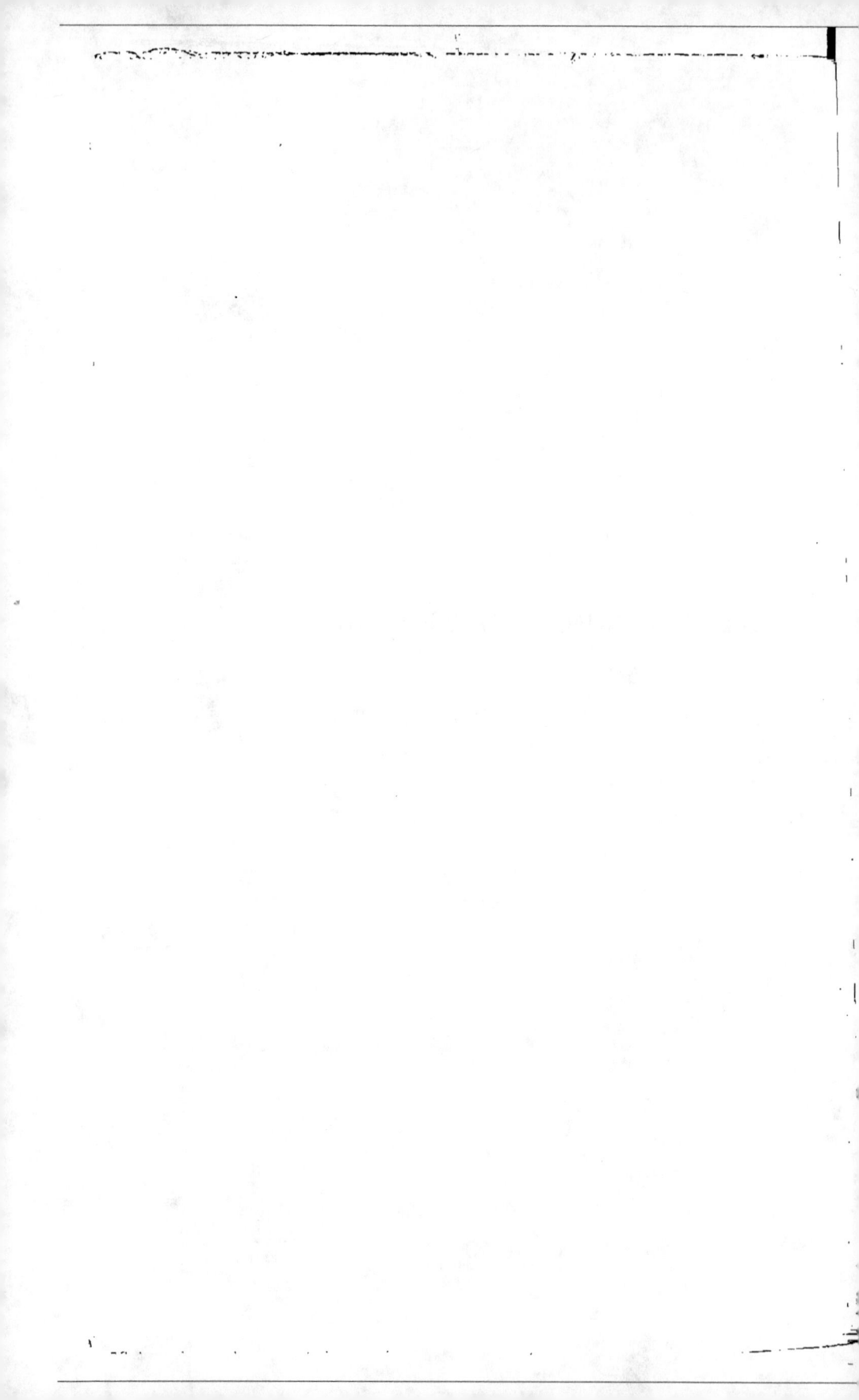

IV

LA « GUERRE ÉVENTUELLE »

ET

L'OFFENSIVE ALLEMANDE PAR LA BELGIQUE

NÉCESSITÉ POUR LA FRANCE
DE LA DÉFENSE STRATÉGIQUE

On admet généralement que, de toutes les manières
de bien conduire une grande guerre, la meilleure est
celle qui consiste à prendre résolument l'offensive sur le
territoire ennemi, de manière à diriger les opérations en
forçant l'adversaire à subordonner ses mouvements aux
nôtres ; mais pour se lancer dans une pareille entreprise
avec quelque chance de succès, il faut que plusieurs conditions soient satisfaites. Cela suppose que l'on sera prêt
le premier, que l'on se croit notablement le plus fort,
que l'armée ait en elle même une confiance justifiée par
des succès antérieurs et que l'on puisse choisir une ligne
d'opérations facile à suivre.

Or, pour peu que l'on réfléchisse aux conditions dans
lesquelles peut s'engager une lutte entre la France et
l'Allemagne, il devient manifeste qu'elles sont toutes
contraires à celles que nous venons d'énumérer.

Nous pouvons bien prétendre, en effet, exécuter les
opérations de la mobilisation et de la concentration aussi
vite que les Allemands, c'est-à-dire être prêts à peu près

en même temps qu'eux à ouvrir les hostilités ; mais il
n'y a aucun motif pour que nous ayons sur eux une
avance de quelque importance. S'il y a une différence,
on peut se dire, au contraire, que rien qu'en raison de
notre organisation politique, elle sera en faveur de nos
adversaires. Nous serons peut-être encore à nous demander
s'il faut faire la guerre, quand déjà les Allemands seront
aux portes de Nancy.

D'autre part, nous pouvons encore bien prétendre
avoir les moyens d'arrêter et même de refouler l'invasion ; mais il est bien certain qu'au début des hostilités,
notre armée n'aura aucune supériorité numérique ni
morale sur celle des Allemands. Ceux-ci auront en eux-
mêmes une confiance résultant des succès de la dernière
guerre, tandis que nous aurons à reconquérir notre pres-
tige.

Enfin, dans le cas à peu près irréalisable où nous serions
prêts les premiers, nous ne pourrions envahir le pays
ennemi qu'en suivant des lignes d'opérations remplies
d'obstacles. Ceci résulte manifestement de l'étude de
l'organisation militaire de la frontière allemande[1].

Une armée qui part de Verdun n'est propre qu'à la
riposte et non pas à l'invasion du territoire ennemi. Il
n'y a non plus rien de bon à attendre d'une armée qui
partirait de Belfort, soit pour descendre l'Alsace, soit
pour franchir le Rhin. Il n'y a donc qu'une manière de
prendre l'offensive, c'est de déboucher de la Meurthe,
c'est-à-dire de Nancy et de Lunéville pour marcher sur
la Seille, puis sur la Sarre.

Or il est clair que nous n'avons aucune chance de succès en nous engageant, au début des hostilités, dans une
pareille voie ; la ligne de la Seille présente des positions
très fortes même sans l'appui de la fortification perma-

---

[1] *La Guerre éventuelle*, Paris, Chapelot, 1913, chapitre I.

nente. Les Allemands n'auraient pas besoin de la totalité de leurs forces pour la défendre ; nous ne pourrions essayer de les tourner ni d'un côté ni de l'autre sans courir de grands dangers, en raison des renforts que nos adversaires pourraient amener de Metz, de Strasbourg et par les nombreuses voies ferrées de l'arrière.

Cette ligne d'opérations est celle que nous devrions suivre plus tard, après que nous aurions obtenu n'importe où une victoire décisive affirmant notre supériorité ; mais si nous nous y engagions au début des hostilités, nous verrions nos efforts se briser dès les premiers jours devant la résistance des Allemands.

Il faut donc renoncer absolument à cette offensive à l'ouverture des hostilités, et, cependant, c'est comme nous le disions la seule à laquelle on puisse songer, car l'idée de réunir nos armées dans la Woëvre pour descendre la Moselle par la rive gauche ne supporte même pas l'examen.

Outre que nous prendrions ainsi la responsabilité de la violation du territoire belge, il n'est pas admissible de suivre une ligne d'opérations qui laisserait sur notre flanc droit toutes les forces de l'Allemagne, non seulement les corps de première ligne, mais même les formations de réserve. Ces forces débouchant de Metz, de Thionville et de Trèves nous attaqueraient dans de telles conditions que nous serions probablement battus, coupés de Verdun et rejetés sur le territoire belge.

A ces raisons, tenant à la rapidité probable de la mobilisation des deux armées et aussi à la nature du terrain il faut encore ajouter la considération de l'intervention éventuelle de l'Angleterre et de la Russie, qui doit nous conduire à rechercher, à retarder la bataille décisive de plusieurs jours. Ces observations nous amènent donc à conclure que, si désirable que soit l'offensive stratégique, elle est absolument impraticable pour nous à l'ouverture

des hostilités, et malgré les perfectionnements apportés
en France dans la préparation de la guerre, c'est-à-dire
dans la mobilisation des forces de première ligne et dans
leur transport à la frontière, c'est là une vérité qu'il faut
accepter aujourd'hui aussi bien qu'il y a trente ans.

Il faut donc seulement nous préparer à repousser l'invasion de notre territoire[1].

LES THÉATRES D'OPÉRATIONS

Dans le cas d'une nouvelle guerre contre l'Allemagne,
les effectifs des armées en présence ne seraient pas dis-
proportionnés comme en 1870; il est cependant probable
que les Allemands auraient quelque supériorité.

Nous ne sommes pas de ceux qui croient qu'il faille
jouer son va-tout en recherchant de suite une action décisive. C'est par la fermeté et la ténacité que nous aurons
raison de nos adversaires, et surtout en faisant une guerre
de mouvements au lieu de chercher notre appui dans les
positions fortifiées. Pour réussir dans de pareilles conditions, il faut s'efforcer de pénétrer les desseins de l'ennemi et se tenir prêt à le combattre avec des forces supérieures sur un point bien choisi. Si l'on y parvient, on
peut être sûr qu'alors même que nous serions obligés de
céder quelque peu de terrain sur d'autres parties de la
frontière, l'adversaire serait forcé de battre partout en
retraite. Si l'on a bien étudié les particularités de la frontière, et si, en même temps, on est bien pénétré des principes que les guerres napoléoniennes ont mis en évidence,
on pourra trouver le moyen, non seulement de résister
à une nouvelle invasion, mais même, après avoir brisé
le premier choc de l'ennemi, de le suivre sur son propre
territoire.

[1] *La Guerre éventuelle*, pages 69 à 73.

Telles sont, suivant nous, les idées directrices d'après lesquelles on doit se préparer à conduire les opérations contre l'Allemagne ; elles se résument en quelques mots : laisser à l'adversaire l'initiative des premiers mouvements et, dès qu'on les aura reconnus, riposter par une énergique contre-attaque sur un point bien choisi.

Si l'on admet ces conclusions, la marche à suivre pour déterminer les dispositions à prendre à l'ouverture des hostilités est nettement indiquée. Puisque nous sommes réduits à la défensive stratégique, afin de s'y préparer d'une manière judicieuse, il faut avant tout se demander comment pourrait se produire l'offensive allemande.

C'est une question qui, assurément, a été retournée de toutes les manières, en France, depuis trente ans, et dont la solution est d'ailleurs assez simple en ce qui concerne les lignes générales. Elle dépend avant tout du tracé de notre frontière militaire. On sait que cette frontière comprend deux régions fortifiées et deux intervalles ouverts, l'un entre Epinal et Toul, l'autre entre Verdun et la frontière belge. Ces intervalles déterminent des voies de pénétration naturelles et, par suite, aussi, les lignes d'opérations que les Allemands choisiront pour conduire leur offensive.

La première de ces lignes, que l'on peut désigner sous le nom de *ligne des Vosges*, part de la Seille ou de la haute Sarre, passe la Meurthe à Nancy et Lunéville, la Moselle à Bayon et Charmes, pour conduire ensuite par Neufchâteau sur Chaumont et Troyes ; la seconde, que j'appellerai *ligne des Ardennes*, part de la basse Moselle pour atteindre la Meuse entre Verdun et Mézières, pour conduire sur la partie septentrionale de l'Argonne et dans la direction de l'Oise[1].

[1] *La Guerre éventuelle*, page 84.

Mais il y a encore, pour les Allemands, d'autres lignes praticables.

L'OFFENSIVE PAR LA BELGIQUE

Depuis que l'on songe en France qu'une nouvelle guerre pourrait éclater entre la France et l'Allemagne, c'est-à-dire en réalité depuis plus de quarante ans, les conditions générales dans lesquelles les hostilités pourraient s'engager n'ont pas changé. Elles se résument simplement en disant qu'il faut s'attendre à l'offensive allemande et se préparer à la riposte. L'accroissement progressif des effectifs, le renforcement de part et d'autre des troupes de couverture, le développement des ouvrages de fortification n'ont modifié d'aucune manière ces conditions ; mais il n'en est pas de même de l'importance ni de l'extension des théâtres d'opérations sur lesquels les armées en présence pourraient se rencontrer.

Il y a trente ans, on admettait généralement que les opérations principales se dérouleraient dans les Vosges. Plus récemment on a pensé que les Allemands, ne trouvant pas le moyen d'y déployer toutes leurs forces, seraient conduits en même temps à prononcer leur offensive vers la Meuse au nord de Verdun, en empruntant plus ou moins le territoire belge. C'est là, d'après le général Bernhardi, que nos adversaires devraient chercher la bataille décisive, en n'engageant que des combats d'usure d'Epinal à Verdun [1].

Dans ces derniers temps on a été amené à supposer que les Allemands étendraient leur droite encore plus au Nord, qu'ils ne se contenteraient pas de s'avancer entre la Moselle et la Meuse de manière à atteindre ce dernier fleuve vers Stenay et Sedan, et qu'en outre une armée

---

[1] *République française* du 20 août 1913.

de droite passerait la Meuse aux environs de Maestricht pour la remonter par la rive gauche jusqu'à Namur et pénétrer en France par la Sambre.

Dans ces conditions, ce ne serait pas les Vosges qui seraient le théâtre des opérations décisives, mais la région voisine de notre frontière du Nord.

On sait que cette frontière qui nous sépare de la Belgique commence à droite près de Longwy et se termine à la mer à environ dix kilomètres en avant de Dunkerque.

Elle se trouve divisée en deux parties par la Meuse, de Mézières à Givet ; au point de vue militaire la partie comprise entre le fleuve et Longwy doit être rattachée à la frontière du Nord-Est ou franco-allemande ; la frontière du Nord proprement dite est seulement la partie comprise entre la Meuse et la mer.

Toute cette région est un pays ouvert et facilement praticable aux armées ; en outre, la Belgique est un pays riche où les Allemands trouveraient d'abondantes ressources. C'est pour toutes ces raisons que, trouvant de grandes difficultés dans les Vosges, dans les Ardennes ou dans l'Argonne, nos adversaires pourraient songer à s'avancer par la gauche de la Meuse, de manière à tourner notre première ligne de défense.

Il est vrai que, si en arrivant sur la frontière française, les Allemands perdaient une bataille, ils auraient à exécuter une retraite longue et difficile, à travers un pays qui, après les avoir peut-être laissé passer par crainte de représailles, pourrait bien se soulever dès qu'il n'aurait plus rien à redouter ; dans ces conditions, le retour sur la rive droite de la Meuse serait bien difficile et l'armée battue n'y arriverait qu'en assez triste état.

Il est bien possible que ces considérations ne suffisent pas à détourner nos adversaires d'une pareille opération, car ils ne doutent de rien. Se croyant sûrs de la victoire, ils songeraient moins à la sécurité de leurs communica-

tions qu'aux moyens de livrer bataille dans des conditions avantageuses, en cherchant avant tout l'espace
suffisant pour déployer leurs forces et réaliser l'enveloppement de l'aile gauche française.

On peut d'ailleurs être certain que l'armée qui tra-
verserait la Belgique par la rive gauche de la Meuse ne
serait pas abandonnée à elle-même ; une autre armée
marcherait en même temps par la rive droite en cherchant à combiner ses opérations avec la première. Elles
seraient d'abord séparées par la Meuse de Liége à Namur,
pour peu que les Belges soient au moins résolus à défendre ces deux places ; mais une fois à hauteur de la
seconde ces deux armées allemandes pourraient facilement communiquer entre elles et chercher à concourir à
une bataille décisive.

Il est donc rationnel de supposer que l'armée de droite
aura pour but de pénétrer en France par la trouée de
Chimay. Il nous paraît invraisemblable qu'une fois
arrivée à Charleroi, elle continue son mouvement par la
rive gauche de la Sambre. Quelque présomption que
l'on suppose à nos adversaires, il n'est pas admissible
qu'ils lancent une armée dans une direction aussi excentrique. Même en continuant dans la direction d'Hirson,
cette armée ne communiquerait pas sans difficultés avec
l'armée des Ardennes ; en continuant par la rive gauche
de la Sambre, celle de droite serait complètement isolée,
et nous aurions le moyen d'accabler l'une ou l'autre
avec des forces très supérieures.

D'ailleurs, le but étant de déborder notre ligne de
défense du Nord-Est, les Allemands n'ont pas besoin
d'aller si loin pour y réussir. S'ils étaient victorieux aux
environs d'Hirson, non seulement les côtes de Meuse,
mais l'Argonne serait tournée, et nous serions obligés
d'abandonner peu à peu notre première ligne de défense
dans toute son étendue.

En examinant dans son ensemble l'hypothèse d'une
offensive allemande par la Belgique, nous sommes donc
amenés à admettre que l'armée de droite de nos adversaires, marchant par la rive gauche de la Meuse, passerait la Sambre aux environs de Charleroi pour se diriger
vers les sources de l'Oise [1].

TROIS THÉATRES : UN SEUL IMPORTANT.

Avec une pareille extension de l'offensive allemande,
on est amené en somme à envisager trois théâtres d'opérations distincts : celui des Vosges, celui des Ardennes
et celui de la trouée de Chimay. Il y aurait donc trois
armées ou trois masses en marche vers la frontière française.

Nous n'essaierons pas d'indiquer avec précision quelle
sera la composition de chacune de ces armées, ni comment les Allemands chercheront à combiner leurs opérations. Nous ferons cependant observer que les mouvements de l'armée des Vosges ou de gauche seraient
difficiles à combiner avec celles du centre ou des
Ardennes, et d'autant plus qu'elles s'éloigneraient davantage de leurs points de départ respectifs. Ce serait le
contraire entre l'armée des Ardennes et celles du Nord,
d'abord séparées par la Meuse de Liége à Namur, elles
se lieraient aisément après avoir dépassé cette dernière
place... Admettant ces dispositions de la part de nos
adversaires, demandons-nous quelles sont celles que nous
devons adopter pour résister à cette triple attaque. Bien
entendu, nous n'envisageons que la riposte, étant convaincus plus que jamais que l'offensive initiale ne peut
nous conduire qu'à la défaite. C'est là l'idée fondamen-

[1] En réalité, en 1914, les Allemands ont été encore plus loin vers
l'ouest, car leur extrême droite est entrée en France par l'Escaut.

tale sur laquelle doivent reposer tous nos préparatifs[1].
Nous dirons en outre que, dans l'hypothèse que nous
examinons, comme dans le cas où les Allemands ne pro-
nonceraient leur offensive que par les deux lignes des
Vosges et des Ardennes, un principe formel doit dominer
la conduite des opérations du côté français[2]. Il ne faut
riposter à fond que sur une des attaques allemandes, en
refusant l'autre ou les deux autres. D'ailleurs, en disant
qu'on doit refuser ces attaques, nous n'entendons pas
qu'on laissera les Allemands libres de les développer à
leur guise ; mais on ne laissera devant elles que des
forces inférieures chargées de les contenir ou de les
retarder, en utilisant tous les avantages du terrain et de
la fortification passagère, de manière à accumuler le
plus de forces possibles sur la zone où l'on sera décidé à
prononcer une riposte énergique. Reste à savoir comment il convient de choisir cette zone. Cela ne peut
guère se décider *à priori* d'une manière absolument
ferme ; tout dépendra des circonstances, des renseignements que l'on aura sur les mouvements de l'ennemi et
des progrès relatifs de ses diverses attaques.

Toutefois, dans le cas où l'ennemi attaquerait seulement par les Vosges et les Ardennes, on peut dire
d'avance que c'est surtout à la riposte par les Ardennes
qu'il faut se préparer. Une contre-offensive entre Metz
et les Vosges non seulement n'aurait aucune chance de
succès, mais serait des plus dangereuses. De tous côtés,
les Allemands pourraient y amener rapidement des renforts, de Metz, de Strasbourg et par toutes les voies ferrées de l'arrière. Si nous commencions par progresser
jusqu'à la Sarre vers Sarreguemines ou Sarrebruck nous
serions pris dans une véritable souricière et complète-

---

[1] *République Française*, 2 septembre 1913.

[2] *La Guerre éventuelle*, page 149.

ment cernés. Si les Allemands prennent une offensive
résolue par les Ardennes, c'est de ce côté même que doit
exister forcément le théâtre des opérations décisives,
et tant que nous ne les aurons pas chassés de la rive
gauche de la Moselle, au moins jusqu'à Trèves, l'offensive par la rive droite ne peut conduire qu'à une catastrophe [1].

Dans le cas d'une triple attaque par les Vosges, les
Ardennes et la trouée de Chimay, sans être absolument
fixé sur la direction de la riposte la plus convenable, on
peut dire encore d'avance qu'il faut commencer par
exclure le théâtre d'opérations des Vosges. Il n'est pas
impossible que l'on soit amené dès l'ouverture des hostilités, à livrer d'importants combats dans cette région,
et nous estimons que même en ayant en vue l'offensive
allemande par la Belgique, c'est dans les Vosges qu'il
faut réunir les premières forces disponibles. Mais si l'on
y obtient des avantages, on devra se contenter de rejeter
l'ennemi sur la Seille, et l'on se gardera de continuer
jusqu'à la Sarre, à la poursuite d'un objectif géogra-
phique sans importance. Il faut bien remarquer en
effet, que quand même on arriverait à Sarreguemines,
on ne ferait que donner un coup d'épée dans le vide,
parce que la base d'opérations des armées allemandes
opérant en Belgique ne serait pas sur le Rhin, à
Strasbourg, ni même à Germersheim, mais sur la
Moselle, de Metz à Coblentz, ou sur le Rhin, de Coblentz à Cologne. Par suite nos progrès entre Metz et les
Vosges ne compenseraient pas les inconvénients d'une
retraite sur l'Argonne septentrionale et sur l'Oise, sans
compter que, comme je l'ai déjà fait observer, l'armée
allemande du centre pourrait revenir sur la Moselle
et mettre la nôtre dans une situation critique en débou-

[1] *La Guerre éventuelle*, page 242.

chant dans son flanc gauche par Metz et Thionville[1].

On aura donc seulement à choisir entre les deux autres attaques, c'est-à-dire celle des Ardennes, par la rive droite de la Meuse, et celle par la rive gauche et par la Sambre conduisant à la trouée de Chimay. Si une armée française, réunie aux environs de Montmédy, pouvait attaquer et battre l'armée allemande de la rive droite avant son arrivée à Namur, toute tentative d'invasion serait immédiatement arrêtée[2]. Non seulement l'armée battue serait obligée à la retraite, mais il en serait de même de celle de la rive gauche dont les communications seraient menacées.

Mais il est peu probable que nous ayons les moyens de réaliser une pareille riposte. Les Allemands ayant l'initiative des premières opérations, il est à peu près certain que nous ne serons pas en mesure de les prévenir à hauteur de Namur. Au lieu d'avoir à combattre l'une des armées allemandes avant sa jonction avec l'autre, nous les aurions toutes les deux ensemble sur les bras.

Dans ces conditions, il serait préférable de livrer la bataille tout près de la frontière, de manière à pouvoir utiliser nos voies ferrées jusqu'au dernier moment. Or, les voies ferrées qui conduisent à la frontière de Belgique sont fort nombreuses. Rien qu'à Hirson, trois lignes distinctes viennent de l'arrière, l'une de Bar-le-Duc, par Vouziers et Amagne, l'autre de Paris par Laon, la troisième de Paris ou de Rouen par Tergnier et Busigny ; de nombreuses forces pourraient donc être concentrées en quelques jours aux environs d'Hirson, sous la couverture du 1er corps, réuni préalablement entre Sambre et Meuse. On aurait rapidement une armée de gauche à opposer à l'armée de droite des Allemands pendant qu'une

[1] *République Française* du 2 septembre 1913.

[2] *Idem*, du 6 septembre 1913.

autre armée réunie vers Montmédy retarderait l'armée
allemande arrivant par l'Eifel.

L'INITIATIVE SERA A L'ENNEMI.

Ce qui résulte de l'ensemble de ces observations, c'est
que, étant incertain sur le théâtre des opérations principales qui dépend de l'initiative des Allemands, il ne faut
pas arrêter à l'avance d'une manière complète et invariable la concentration de nos forces ; car si, par exemple,
on les avait portées dans les Vosges et que le gros de
l'ennemi se présentât par la Belgique, on ne serait pas
en mesure de s'opposer à son invasion et vice-versa[1].
Ce qu'il faut, c'est de prendre, à proximité de la frontière, un dispositif d'attente, autrement dit d'effectuer
le premier déploiement stratégique de l'armée de manière
qu'il se prête à plusieurs hypothèses. Même dans l'éven-
tualité d'une offensive allemande, par la rive gauche de
la Meuse, notre dispositif initial ne devra pas dépasser
Mézières, parce que, on aura toujours le temps, s'il y a
lieu, de réunir des forces considérables, entre Sambre
et Meuse, dès qu'on sera prévenu que l'ennemi passe la
Meuse en forces aux environs de Liége[2].

Toutefois pour être certain d'exécuter cette concentration avec succès, il faut satisfaire à plusieurs conditions : d'abord être prêt à battre en retraite, si l'ennemi
attaque en force avant que la concentration ne soit effec-
tuée, et en outre disposer, à l'intérieur du pays, d'importantes réserves stratégiques susceptibles d'être transpor-
tées rapidement sur le théâtre des opérations décisives.
Partout ailleurs le combat en retraite devra être la
règle, afin de pouvoir accumuler sur la région princi-

[1] *La Guerre éventuelle*, page 143.
[2] *République Française* du 2 septembre 1913.

pale le plus de forces possibles. Il y a lieu d'insister sur
ce point, car il y a en France toute une école qui ne
veut pas entendre parler du combat en retraite, sous le
prétexte qu'en 1870 les Allemands n'en ont jamais fait
usage [1], ce qui ne prouve absolument rien, car les circonstances étaient telles qu'ils ont toujours pu prendre
l'offensive. On peut dire en revanche, qu'en 1796, la
stratégie de Bonaparte en Italie repose tout entière sur
le combat en retraite par cette seule raison que ses mouvements étaient subordonnés à ceux des Autrichiens
comme le seraient les nôtres vis-à-vis des Allemands.
C'est parce que Napoléon n'a pas suivi en 1813, le même
système d'opérations qu'il a échoué dans toutes ses entreprises. C'est parce qu'il n'a pas prescrit à Oudinot et à
Macdonald de se retirer en défendant le terrain pied à
pied, pendant que lui-même allait livrer la bataille de
Dresde, que sa stratégie s'est trouvée en défaut [2]. Autrement, ses deux lieutenants n'auraient pas été battus à
Grossbeeren et sur la Katzbach, et lui-même, n'étant pas
absorbé par le souci de réparer leurs défaites, n'aurait
pas laissé Vandamme isolé et ce dernier n'aurait pas été
écrasé à Kulm.

On peut observer encore [3] que si les Allemands en 1870
n'ont pas fait usage du combat en retraite, Blücher, le
maréchal *Vorwaerts*, s'en est servi largement pendant
cette même campagne de 1813. Son ardeur n'empêchait
pas sa prudence ; il ne croyait pas la partie perdue parce
qu'il avait reculé, se tenant toujours prêt à faire volte-
face dès que Napoléon l'abandonnait.

Ceux qui ne veulent pas entendre parler du combat
en retraite prétendent aussi que le moral du soldat en

---

[1] *La Guerre éventuelle*, page 174.

[2] *La Guerre éventuelle*, page 175.

[3] *Idem*, pages 176 et suivantes.

sera affecté ! Nous dirons encore sur ce point que cela
dépend de son éducation militaire.

Si les réservistes, sans lesquels la France ne peut pas
être victorieuse, sont animés d'un véritable patriotisme,
et si on ne leur a pas faussé les idées avec des phrases
ronflantes mais creuses, il n'y a pas de raisons pour qu'ils
ne montrent pas la même fermeté que la landwehr de
Blücher, en 1813.

Il sera facile de leur faire comprendre qu'un mouvement rétrograde n'implique pas la défaite, que d'ailleurs
la retraite qu'ils exécutent n'est que partielle et provi-
soire et que pendant qu'ils reculent d'autres avancent,
et si ceux qui auront abandonné Nancy apprennent
quelques jours plus tard que, grâce à l'économie des
forces que leur ferme attitude aura permise, leurs camarades ont remporté une grande victoire à Damvillers ou
à Buzancy, il ne faudra pas beaucoup de discours pour
les reporter en avant quelques jours plus tard et les
ramener d'un seul bond dans la capitale de la Lorraine[1].

Quant à l'emploi des réserves stratégiques, on peut
dire que c'est une des conditions essentielles de la défense
stratégique que nous devons forcément pratiquer contre
l'Allemagne. Mais il faut bien entendre que ces réserves
ne doivent pas être utilisées pour réparer la défaite,
mais pour assurer la victoire. C'est grâce à leur intervention que l'on pourra déterminer l'*événement* qui la
produira.

Notre armée doit avant tout être souple et manœu-
vrière ; il faut être en mesure de modifier rapidement
le groupement de nos forces suivant les circonstances.
C'est pour cela que, pendant la première période des

---

[1] Les événements devaient prouver qu'une retraite de quinze jours
succédant à de graves échecs ne devait pas affaiblir le moral de l'armée
française.

hostilités, alors qu'on ne voit pas encore bien clair dans
les projets de l'ennemi, il faut disposer de fortes réserves
stratégiques laissées à l'intérieur du pays ; et quand le
moment sera venu d'accumuler les forces dans une zone
déterminée pour y livrer une grande bataille, ces réserves
éloignées y viendront rapidement par les voies ferrées,
tandis que d'autres troupes y accourront avec leurs
jambes [1].

En se laissant guider par l'ensemble de ces idées, on
doit être convaincu que l'offensive allemande prolongée
jusqu'à la trouée de Chimay n'est pas plus redoutable
que les autres. Dans cette hypothèse, c'est entre Sambre
et Meuse que l'armée française de gauche doit se concentrer, et alors elle est prête à toutes les éventualités.

Dès qu'elle est réunie, elle se porte en avant, son avant-
garde comprenant une division du 1er corps avec une
nombreuse cavalerie est à Beaumont, l'autre division du
1er corps est à Maubeuge avec la cavalerie du corps
d'armée, le gros de l'armée de Chimay à Avesnes [2].
Si l'ennemi débouche de Charleroi, on se porte à sa
rencontre pour l'attaquer ; s'il continue par la rive gauche
de la Sambre, on débouche dans son flanc, la droite par
Maubeuge ; s'il veut se lier par Dinant à l'armée des
Ardennes, on peut faire comme lui et se relier à l'armée
française des Ardennes par Givet et Mézières. Dans ces
conditions, si l'on attend l'appui des Anglais, on n'est
pas obligé de s'engager à fond avant leur arrivée, car
on peut livrer la bataille à Hirson et même en deçà
aussi bien qu'à Beaumont [3].

---

[1] *La Guerre éventuelle*, page 184.

[2] *République Française*, 23 septembre 1913.

[3] L'offensive allemande, en 1914, s'est prolongée jusqu'à l'Escaut ;
on aurait néanmoins encore pu trouver le moyen de s'y opposer, à la
condition d'éviter de prendre l'offensive en Lorraine et en Alsace, ce

On peut résumer toutes ces considérations de la manière suivante :

La « Guerre éventuelle ».

1° La guerre doit être, du côté de la France, défensive politiquement et militairement : politiquement, parce que ce n'est qu'à cette condition que nous pouvons compter sur l'intervention de nos alliés ; militairement, parce que nous y sommes forcés par les durées respectives de la mobilisation des armées en présence, et aussi par *la nature des terrains qui avoisinent la frontière*. Et d'ailleurs, il faut s'attendre à une irruption soudaine ;

2° De ce que la guerre doit être défensive, il ne faut pas conclure que notre résistance doit être passive et qu'il faille la chercher dans l'occupation des positions fortifiées ; elle doit être, au contraire, résolument active. Si nous sommes obligés de laisser aux Allemands l'initiative des premiers mouvements, on doit se tenir prêt à se porter au-devant d'eux dès qu'on aura reconnu leurs desseins. Autrement dit, notre défensive doit être essentiellement une riposte, de manière à ressaisir l'attitude offensive au moment de la bataille ;

3° En se portant à la rencontre de l'ennemi, on devra éviter de trop s'éloigner du territoire national, tout en s'efforçant de le protéger. On devra chercher à livrer bataille à proximité de la frontière. Si la riposte s'effectue dans les Ardennes, on devra éviter de passer la Semoy ;

qui aurait permis de ramener 2 ou 3 corps d'armée à la gauche des Anglais. C'est ce qu'il y avait de mieux à faire au point de vue stratégique. Nous ajouterons que cette disposition n'eût pas été suffisante pour conduire à la victoire. Il aurait fallu éviter les grosses fautes de tactique auxquelles on était fatalement conduit par l'application du règlement d'octobre 1913 sur la conduite des grandes unités.

4° Si l'ennemi se présente en forces en même temps dans les Ardennes et dans les Vosges, il convient d'éviter de s'engager à fond sur les deux points à la fois. Tandis que d'un côté, on accumulera toutes les forces disponibles pour livrer une bataille décisive, on ne craindra pas de s'affaiblir de l'autre, sauf à céder provisoirement un peu de terrain. si c'est nécessaire ;

5° Avec cette manière de concevoir la conduite des opérations, on doit éviter de concentrer de prime abord le gros des forces françaises en vue de livrer bataille dans une zone déterminée. Ce procédé ne convient qu'à l'offensive préconçue qui nous est interdite par les circonstances, ou à la défense d'une position tactique à laquelle il est toujours mauvais de réduire la défense du territoire.

Ayant en vue la riposte qui, par sa nature même, est une opération subordonnée, on ne devra se concentrer que quand l'ennemi aura dévoilé ses desseins.

En attendant, on exécutera un déploiement stratégique se prêtant à plusieurs hypothèses et d'où l'on partira en se concentrant pour aller à la rencontre de l'ennemi.

Actuellement, comme en 1870, il y a un déploiement stratégique et un seul qui satisfasse à toutes les conditions ; il ne doit pas y avoir de doute à ce sujet.

Telles sont, à mon avis, les données fondamentales sur lesquelles doivent reposer les préparatifs de la France. Elles étaient les mêmes il y a trente ans ; il n'y a rien de changé depuis cette époque à notre sujet.

Mais il en est autrement de la probabilité de voir réaliser les diverses hypothèses que l'on peut concevoir.

Jadis, sans perdre de vue l'offensive allemande par la frontière belge, on la considérait comme secondaire ; on était porté à croire que la première grande bataille décisive aurait lieu sur les Vosges ; aujourd'hui, il semble que c'est surtout à l'offensive par la Belgique que l'on doive s'attacher.

Avec cette conception, le centre de gravité de notre déplacement stratégique peut être quelque peu reporté vers la gauche, sans qu'on s'enlève néanmoins le moyen de se concentrer à droite si les circonstances le demandaient.

Mais l'idée qui doit absolument dominer la conduite des opérations de l'armée française, c'est qu'elle doit renoncer à l'offensive initiale et ne procéder que par riposte.

Autant que l'on peut prévoir les conséquences logiques de notre entrée en campagne, nous dirons sans hésiter, qu'avec l'offensive initiale nous devons être battus, tandis qu'en se préparant à la riposte et en l'exécutant avec énergie, toutes les chances sont en notre faveur [1].

[1] *La Guerre éventuelle*, page 198 à 201.

V

DU HAUT COMMANDEMENT

V

DU HAUT COMMANDEMENT[1]

I

Pour être en mesure d'engager une grande guerre avec des chances de succès, il ne suffit pas d'en préparer les moyens matériels, ni d'avoir des troupes nombreuses et bien instruites, il faut, de plus, mettre à la tête des armées des hommes capables d'utiliser ces moyens, de concevoir et de diriger ensuite les opérations de manière à amener la bataille dans des conditions favorables ; il faut encore qu'après avoir choisi et trouvé de tels hommes le commandement soit organisé de manière à leur permettre de remplir leur rôle en toute sécurité, sans mettre d'entraves à l'exercice de leurs facultés.

S'il est un fait qui soit de nature à produire une pénible surprise dans l'esprit de tous ceux qui ont le souci de la puissance militaire, c'est assurément la preuve que, quarante ans après la guerre franco-allemande, on ait pu discuter encore chez nous, sur l'organisation du haut commandement. Quels sont les droits et les devoirs des généraux en chef? Quelles sont les limites de leurs attributions? On aurait pu croire que ces questions étaient depuis longtemps résolues, car les réponses

---

[1] Ces trois chapitres ont été publiés dans les *Tablettes des Deux Charentes* des 29, 31 juillet et 4 août 1915.

qu'elles comportent sont écrites à chaque page de l'Histoire ; mais de récentes discussions ont montré qu'elles étaient toujours en suspens.

Il semble, notamment, qu'en s'éloignant de la guerre de 1870, on ait perdu de vue les enseignements qui en découlent au sujet de l'organisation du commandement des armées, des droits de ceux qui sont appelés à l'exercer, et des dangers de l'immixtion du pouvoir central dans la conduite des opérations.

C'est en des termes identiques, que j'ouvrais le dernier chapitre de mon livre, *La Guerre éventuelle*, publié au début de 1913 ; ce chapitre était consacré au haut commandement. Les dangers que je signalais méritent d'être résumés à nouveau pour l'instruction de tous les Français, afin d'empêcher une foule de raisons fausses de dominer leur esprit. A-t-on oublié que, en 1870, c'est l'intervention du ministre de la guerre, soutenu par tout le ministère, qui, en obligeant le maréchal de Mac Mahon à reprendre son mouvement sur Montmédy, a amené le désastre de Sedan ? Ne sait-on pas également que l'ingérence de M. de Freycinet dans les opérations de l'armée de la Loire a été la cause de la défaite d'Orléans ?

Sans doute le Gouvernement a qualité, ai-je déjà écrit, en 1911, pour déterminer le but de la guerre ; il peut et même doit s'entendre avec les chefs sur les lignes générales à suivre pour atteindre ce but ; mais une fois les hostilités commencées, le ministre ne doit plus intervenir que pour leur fournir les moyens de se mouvoir, de vivre et de combattre. Il est le grand pourvoyeur de l'armée, mais ce n'est pas à lui qu'il appartient de diriger les mouvements des forces combattantes. La question des droits et des devoirs des généraux en chef n'est pas nouvelle, elle a existé dans tous les temps. La solution admise par tous les grands capitaines a toujours été la même, parce que les conditions générales de l'exercice du commandement supérieur n'ont pas varié avec les progrès de l'armement.

Bien entendu, la reconnaissance de ces droits suppose que ceux qui sont appelés à les exercer ont les aptitudes nécessaires ; si, dans la pratique, on se trouve en présence de solutions différentes, c'est que les hommes médiocres non seulement acceptent d'être dirigés, mais que même ils le désirent. Le droit à l'initiative comporte la responsabilité des résultats ; bien des gens renoncent à la première parce que la seconde les effraie. C'est sur ce terrain qu'est la pierre de touche qui permettra de juger le vrai général.

Celui qui a peur de la responsabilité n'aura pas d'initiative ; il sera battu parce qu'il sera conduit par son adversaire. Les vrais hommes d'État n'ont pas marchandé aux généraux le droit d'exercer librement leur commandement ; parfois ils le leur ont imposé.

On peut rappeler, à ce sujet, l'attitude de Richelieu vis-à-vis de quelques chefs de l'armée française en 1640. Trois maréchaux étaient chargés du siège d'Arras ; une armée espagnole était en marche pour délivrer la place. Les maréchaux sont d'avis différents : l'un veut se tenir dans des retranchements, l'autre sortir des lignes pour livrer bataille. On en réfère à Richelieu ; mais ce dernier se garde de substituer son initiative à celle des généraux qui lui posaient une question qui n'était pas de sa compétence. Il leur répondit simplement : « Lorsque le roi vous a confié le commandement, il vous a cru capables ; sortez ou ne sortez pas de vos lignes, mais vous répondez sur vos têtes de la prise de la ville ». Quelques jours après, les Espagnols étaient battus et la ville forcée.

Si j'ai rappelé cet exemple, ce n'est pas seulement parce qu'il montre que Richelieu avait sur l'exercice du commandement des idées saines dont M. de Freycinet aurait pu s'inspirer, deux siècles plus tard ; c'est aussi

parce qu'il fait ressortir une autre condition aussi nécessaire que le droit à l'initiative et qui, dans la circonstance, n'était pas satisfaite, je veux dire l'unité du commandement. Il n'aurait pas dû y avoir à Arras trois
maréchaux ayant des droits égaux pour déterminer la
conduite à tenir. Partout, il faut un chef, et un seul, qui
peut souvent consulter ses subordonnés, mais qui seul a
qualité pour décider ; après quoi les autres n'ont plus qu'à
obéir.

II

On doit rappeler également, à propos de cette question
capitale, comment la comprenait le plus grand homme
de guerre de l'ancienne Monarchie, le maréchal de
Turenne. Il eut l'occasion de le montrer au cours de la
guerre de Hollande : laissé à la tête de l'armée du Rhin,
après le retour de Louis XIV et de Louvois à Paris, il
n'hésita pas à résister aux injonctions de ce dernier et à
diriger les opérations comme il jugeait bon, estimant
qu'étant en contact avec l'ennemi, il était mieux en
mesure qu'aucun autre de faire marcher ses troupes
comme il faudrait. Les événements vinrent bientôt
mettre en évidence la supériorité de ses vues et Louis XIV
ne tarda pas à le reconnaître, à la grande confusion de
Louvois. Turenne a montré, dans cette circonstance,
qu'il possédait toutes les qualités d'un général en chef et
que la fermeté de son caractère était à la hauteur de sa
pénétration.

Si, en 1870, le maréchal de Mac Mahon et le général
d'Aurelle de Paladines avaient compris leur rôle comme
Turenne, le désastre de Sedan et celui d'Orléans
auraient été évités. Quant à leur droit de refuser d'exécuter des opérations qu'ils jugeaient dangereuses, il ne

saurait être douteux. La question a été traitée par Napoléon et résolue par lui de la manière la plus nette. Pour
lui un général en chef n'est jamais tenu d'exécuter une
opération qu'il croit mauvaise ; tous les grands capitaines,
ainsi que les grands critiques, sont de l'avis de Napoléon.

Aussi dirons-nous que non seulement c'était le droit
du maréchal de Mac Mahon et du général d'Aurelles de
résister aux injonctions du pouvoir central, mais que
c'était leur devoir et qu'ayant cédé à ces injonctions,
malgré les périls qu'ils entrevoyaient, ils doivent supporter une partie de la responsabilité des désastres auxquels
ils ont été conduits.

Il s'agit d'une question de la plus haute importance
pour la bonne conduite des grandes opérations militaires,
et sur laquelle il est absolument indispensable de bien
s'entendre. En combattant les abus de l'immixtion du
pouvoir central, je n'ai jamais prétendu que, pour l'éla-
boration d'un projet d'opérations, le Gouvernement
devait être tenu à l'écart et qu'il n'avait rien à voir dans
les déterminations des militaires. Il y a, pour motiver
ces déterminations, à faire intervenir des considérations
de politique étrangère ou intérieure sur lesquelles le
Gouvernement doit être entendu. Il est certain que le
président de la République, le président du Conseil, le
ministre des affaires étrangères et celui de la guerre (qu'il
soit civil ou militaire) ont qualité pour donner leur avis
et même discuter les projets des généraux. Mais les
membres du Gouvernement ne doivent intervenir que
pour arrêter les grandes lignes des opérations à entreprendre, et, une fois ces grandes lignes arrêtées et approu-
vées par le généralissime, s'il n'en a pas eu l'initiative, il
faut lui laisser la liberté complète sur les moyens d'exécution. On a vu, dans des circonstances mémorables, des
gens complètement étrangers aux choses militaires, sug-

gérer les idées les plus judicieuses. D'après Voltaire (*Siècle de Louis XIV*), c'est un conseiller à la cour de Douai, Lefèvre d'Orval, qui aurait eu le premier la pensée de l'opération qui devait conduire à Denain ; elle aurait été transmise à Villars par l'intermédiaire du maréchal de Montesquiou, son lieutenant. Villars sut en apprécier le mérite ; il l'adopta et en dirigea l'exécution. Cela ne diminue en rien la gloire qui lui revient dans la délivrance de la France, pas plus que celle de Bonaparte ne se trouve atteinte pour s'être inspiré, en 1796, des opérations que Maillebois avait conduites sur le Pô, cinquante ans plus tôt.

Si, en 1870, M. de Freycinet s'était contenté d'exercer son initiative dans les limites de l'inspirateur de la manœuvre de Denain, je me garderais de lui en faire un reproche.

Il est juste de prétendre que la stratégie est soumise aux lois du bon sens, mais la première marque du bon sens, surtout chez quelqu'un d'une haute culture intellectuelle, est de comprendre qu'un homme ne sait que ce qu'il a appris, et s'il se laisse séduire par quelque idée émanant de son cerveau, il doit commencer par la soumettre aux hommes de métier. Or, M. de Freycinet a fait tout le contraire en 1870, sur la Loire. Loin de se contenter de *proposer* ses projets au chef de l'armée, il les lui a *imposés* malgré les protestations de tous les généraux présents. Mais, bien entendu, je le répète, pour revendiquer leurs droits dans toute leur plénitude, il faut que les généraux en chef possèdent les aptitudes nécessaires pour les exercer.

*

Le choix des généraux, dit Jomini, est un des points les plus délicats de la science du gouvernement et une

des parties les plus essentielles de la politique militaire.
Si l'on se trompe, le salut de l'État est compromis. On
doit donc se demander quels sont les signes caractéristiques du vrai mérite. Ils sont à la fois d'ordre intellectuel et d'ordre moral. Il faut que le Généralissime ait
quelques principes larges, mais nets, et qu'il possède
l'esprit des combinaisons stratégiques ; il faut aussi qu'il
ait un caractère imperturbable. Ses qualités professionnelles ne peuvent être reconnues que par des hommes
de métier ; c'est pour cela que Jomini dit encore que
pour choisir un général habile, il faut être militaire soi-
même et en état de juger.

En cherchant les hommes capables d'exercer le commandement des armées, il faut d'abord être convaincu
qu'à toute époque il n'y en a jamais eu qu'un très petit
nombre. La France n'en a jamais tant eu que pendant
la période de la Révolution et de l'Empire ; mais encore
faut-il remarquer que la plupart de ceux qui se sont
illustrés à cette époque n'étaient propres qu'à des situations subordonnées. Au début de la guerre de 1870, les
chefs de l'armée française étaient médiocres. Bazaine
n'était pas pire que les autres, quelques-uns mêmes tels
que Lebœuf, Lebrun, de Failly lui étaient bien inférieurs.
Pendant la seconde partie de la guerre plusieurs généraux ont montré une réelle valeur ; mais il n'en est
que deux qui aient vraiment fait preuve d'un grand
mérite ; Ducrot et Chanzy. Le premier avait déjà
montré son coup d'œil à Sedan apercevant la seule
chance de salut qui restât à l'armée française d'éviter
une ruine complète ; à Paris, il devait proposer le
seul plan qui fût capable de dégager la capitale. Quant
à Chanzy, il a montré à la tête de la 2º armée de la
Loire toutes les qualités d'un véritable homme de
guerre. Par sa haute intelligence des questions militaires
aussi bien que par la trempe de son caractère, il pou-

vait être opposé aux meilleurs généraux de l'Allemagne.

Mais il ne suffit pas d'avoir sous la main quelques hommes de haute valeur ; il est nécessaire de les reconnaître et de leur accorder la part d'influence dont ils sont dignes. Chanzy ne réussit pas à faire prévaloir ses idées en province mieux que Ducrot à Paris. L'intervention d'un personnage, dont j'ai déjà longuement parlé aux lecteurs des *Tablettes*, a suffi pour annihiler leurs conceptions, si judicieuses qu'elles fussent.

Dès qu'on est convaincu que le nombre des généraux capables d'exercer un grand commandement est très restreint, il importe au plus haut degré de ne pas se tromper en les choisissant. Or, il faut convenir que c'est une des tâches les plus difficiles. Il est certain qu'en dehors de la guerre elle-même, on ne pourra jamais avoir de certitude sur la vraie valeur des généraux ; cependant leur manière de se comporter dans des situations variées peut donner à leur sujet, de fortes présomptions. Il y a surtout à mon avis deux sortes de considérations à faire valoir pour les juger : les études personnelles et l'attitude aux grandes manœuvres.

Les premières font connaître la tournure et la portée de leur esprit ; elles montrent ce qu'un officier a au fond de son sac ; beaucoup n'en font pas parce que leur sac est vide ; mais ils se rattrapent par la jalousie, l'esprit de coterie et la flatterie, ce qui est un moyen bien autrement certain d'obtenir des récompenses. Parmi les études qui doivent attirer l'attention, il faut signaler surtout les travaux de critique militaire. Assurément, il y a loin de la critique à la conduite des opérations ; il faut pour cette dernière des qualités de coup d'œil et de décision dont la critique n'a pas besoin ; de plus, dans la guerre réelle, le chef doit raisonner sur des données en partie incertaines, car on n'a jamais une connaissance complètement exacte de la situation de l'adversaire ; il faut en deviner une partie ou prendre ses déterminations d'après certaines probabilités, et c'est cette incertitude sur les moyens de l'ennemi et sur ses projets qui fait la plus grande difficulté de l'art du commandement.

Celui, au contraire, qui veut faire l'étude d'une campagne, et apprécier les résolutions des deux partis, connaît les ressources et la situation de chacun d'eux, et il est inévitable qu'en voulant juger les dispositions prises d'un côté, il tienne compte de ce qu'il sait de l'autre.

Sur ce terrain comme ailleurs, on peut toujours dire que si la critique est aisée, l'art est difficile. Cependant la conduite des opérations réelles et leur critique ultérieure doivent reposer sur une base commune qui est la connaissance des principes de l'art de la guerre. Or, ce qui caractérise des principes, c'est qu'ils ne sont pas absolus, et qu'ils ne valent que par l'application qu'on en fait suivant les circonstances. Sur ce terrain, le chef et le critique se trouvent en présence des mêmes difficultés, et c'est pour cela que les grands critiques militaires sont presque aussi rares que les grands généraux ; et, en somme, malgré la différence qui les sépare, on peut dire que rien ne peut donner une plus forte idée des aptitudes d'un officier, d'ailleurs exercé au commandement des troupes, à conduire les opérations de l'avenir que la manière dont il juge celles du passé ; ce que l'on peut affirmer surtout, c'est que s'il les apprécie de travers, il est incapable d'en diriger pour son compte.

* *
*

Quant à la manière dont les officiers se comportent aux grandes manœuvres, on peut bien dire que ces exercices diffèrent notablement de la guerre réelle ; cependant ils s'en rapprochent sur bien des points, et ils permettent surtout aux officiers d'un grade élevé de

faire voir dans une certaine mesure s'ils ont du coup
d'œil, du sang-froid, de l'initiative et de la décision,
toutes qualités qu'ils n'ont pas l'occasion de montrer
dans la pratique journalière de leur service ; et, en
somme, si ces exercices ne présentent pas toutes les difficultés de la vraie guerre, ce sont les seuls qui peuvent
en donner une idée approchée. Et sur ce terrain encore,
on peut procéder par élimination, car on peut être sûr
que ceux qui ne commettent que des erreurs aux
manœuvres ne se tireraient pas mieux d'affaire devant
un ennemi pourvu d'armes réellement chargées.

En dehors de ces deux épreuves qui sont vraiment
capables de faire ressortir le savoir, l'intelligence et le
caractère des officiers et spécialement des généraux, il
n'est guère de situation qui leur permette de montrer
dans quelle mesure ils sont aptes à concevoir des opérations et à les diriger ; et encore, comme nous l'avons dit,
on n'aura jamais que de fortes présomptions.

III

Il faudrait se garder surtout de vouloir juger trop
favorablement ceux qui ont passé la majeure partie de
leur carrière dans les états-majors, sous le prétexte
qu'ils ont rendu de bons services ; car, de toutes les situations de l'officier, il n'en est pas qui soient moins capables
de préparer aux grands commandements que les services
d'état-major. Ce n'est pas dans les bureaux que les officiers peuvent donner la mesure de leur valeur militaire ;
et même, lorsqu'ils participent à des opérations actives,
ils ne sont que les auxiliaires du commandement, ayant
rarement à montrer de l'initiative ou de l'esprit de
décision, et se trouvant affranchis de la responsabilité

qu'ont à supporter les officiers de troupe, même dans
les grades inférieurs. Il peut même arriver que des officiers ayant rendu de grands services dans les états-majors
soient complètement inaptes au commandement, par
suite de défauts de caractère qu'on ne peut pas réformer,
parce qu'ils tiennent à la nature et que ces défauts les
empêchent d'avoir la moindre action sur les hommes
qu'ils sont appelés à commander.

Nous ne voulons pas dire néanmoins qu'il soit inutile
pour les officiers d'avenir de passer par les états-majors ;
il y existe des traditions qu'ils doivent connaître ; mais
s'il est nécessaire qu'ils y fassent des stages assez fré-
quents, il faut qu'ils passent la partie principale de leur
carrière en exerçant successivement le commandement
des petites et des grandes unités, de manière à se trouver
aux prises avec les difficultés qu'il comporte et à se
rendre compte au juste de ce que l'on peut demander
aux troupes. Ce n'est que dans ces conditions que l'on
pourra se faire une idée de leur vraie valeur militaire
et non pas en les voyant à l'œuvre dans les bureaux.

* *

Ce qui serait surtout une grave erreur, ce serait de
croire que pour trouver ceux qui sont aptes au grand
commandement, il faille les chercher exclusivement
parmi les meilleurs élèves des écoles ; car, pour y réussir,
il faut des qualités que les examens auxquels sont soumis
les élèves ne peuvent pas mettre en relief.

Pour bien s'en rendre compte, il faut distinguer dans
les études militaires, et au sujet de leur utilité, les trois
termes : *apprendre, comprendre* et *appliquer*. On trouvera des officiers tant qu'on voudra pour *apprendre*
n'importe quoi. La masse des élèves des écoles ont les
aptitudes nécessaires pour s'assimiler l'enseignement qui

leur est donné de manière à satisfaire, d'une manière
convenable aux examens qu'ils ont à subir à leur sortie.
Ils n'ont pas besoin de se demander si ce qu'on leur dit
est juste et vrai, ils sont obligés de s'en pénétrer ; c'est
comme une carte forcée qu'ils sont tenus de tirer sous
peine d'avoir de mauvaises notes qui peuvent avoir une
influence parfois décisive sur leur avenir.

Quant à *comprendre* la vraie valeur de ce qu'on leur
enseigne, c'est une autre affaire. Pour y arriver, il faut
y mettre du sien et tâcher de dégager du fatras de
théories indigestes et soporifiques dont est rempli l'enseignement des écoles, ce qui est vraiment utile et pratique. Le nombre d'élèves capables d'un pareil effort
personnel est toujours très petit, parce qu'en dehors de
l'intelligence, il faut, pour s'y appliquer, un caractère
indépendant. Il faut ne pas craindre de se heurter aux
idées à la mode qui changent tous les dix ans, et qui,
parfois, n'ont pas d'autre base que l'esprit fantaisiste et
étroit d'un professeur. L'officier qui a déjà quelques
connaissances de l'expérience et du bon sens ne s'y laissera pas prendre, mais s'il a, avant tout, pour but un
avancement rapide, il ne faut pas qu'il le laisse voir.

On comprend que le nombre de ceux qui réalisent ces
conditions est très restreint, mais il en est encore bien
moins qui, après avoir acquis par leurs réflexions des
idées saines sur les principes de l'art de la guerre, sont
capables de les *appliquer*. Appliquer, c'est adapter ses
connaissances théoriques aux situations réelles qu'envisage le général pour diriger les opérations ou le critique
pour les juger.

Or, c'est dans cette adaptation que résident les difficultés de la conduite des troupes et c'est en cherchant à
les résoudre que l'on voit combien il y a loin de la
théorie à la pratique. On peut dire que ces difficultés
existent dans le commandement des petites unités

comme dans celui des grandes, et que dès le début de leur carrière un certain nombre d'officiers se montrent inaptes à les surmonter. Aussi, pour les juger, il ne suffit pas de savoir comment ils ont passé un examen oral ou écrit, mais il faut les voir à l'œuvre sur un terrain de manœuvres et dans des circonstances variées.

Rien n'est plus faux que de juger la valeur des officiers par le rang qu'ils obtiennent dans le classement de sortie de l'école de guerre. Nous sommes même porté à croire, quelque paradoxale que puisse paraître cette appréciation, qu'on aurait plus de chances de trouver les futurs généraux en chef, capables de conduire les armées à la victoire, parmi ceux qui n'ont suivi les cours qu'en amateurs, n'y prenant que ce qui leur plaît, sans se soucier du numéro de classement que leur apparente insouciance pourrait leur valoir. Car, ayant l'esprit ainsi affranchi de tout le pédantisme des écoles et des chinoiseries qu'on y enseigne, tout en y prenant quelques jalons de leur choix pour guider leur marche, ils n'en seront pas moins en mesure, pour peu qu'ils aient le tempérament militaire et l'esprit des combinaisons de la guerre, de donner un libre essor aux qualités dont la nature a pu les douer et sans lesquelles la science n'est rien [1].

*
* *

Je ferai remarquer maintenant que si les hommes aptes au commandement en chef sont rares, la conduite des armées, même avec les effectifs de nos jours, n'en exige pas un bien grand nombre. On trouvera tant

---

[1] Ces considérations sur le moyen de distinguer les officiers aptes au commandement ont déjà été publiées dans *La République Française* du 3 mars 1914.

qu'on voudra des chefs très capables de commander des brigades et des divisions ; dès qu'on arrive au commandement d'un corps d'armée, le choix mérite déjà plus d'attention ; mais c'est surtout lorsqu'il s'agit des chefs d'armée ou de groupe d'armées qu'il est essentiel de ne pas se tromper. En réalité, les fonctions de commandant de groupe d'armées et celle de généralissime exigent seules les qualités supérieures de l'homme de guerre, parce que seuls, le généralissime et les commandants de groupe d'armées, sont appelés à donner une impulsion aussi juste qu'énergique à un vaste ensemble.

Or, malgré l'énormité des effectifs qu'entraîne une guerre de la France contre l'Allemagne, il suffit pour assurer la bonne direction des opérations d'adjoindre au généralissime deux ou trois généraux pour commander des groupes d'armées ; on peut y ajouter le major-général qui est le bras droit du généralissime. Pour ceux-là, il faut un grand caractère et un esprit de combinaison très développé, c'est-à-dire de facultés qui tiennent surtout à la nature, en remarquant encore que les fonctions de généralissime et celle de major-général n'exigent pas absolument les mêmes aptitudes. Cela ne fera jamais en tout que quatre ou cinq qui doivent posséder des facultés exceptionnelles.

Pour les choisir, il faut, comme dit Jomini, s'adresser aux hommes de métier. Sans doute c'est le Gouvernement qui les nommera, mais il faut qu'il soit tenu de les prendre sur une liste de présentation établie par ceux dont la capacité est déjà reconnue.

Dans l'état politique actuel de la France, nous croyons qu'il n'y a qu'un moyen de donner la fonction de généralissime au plus digne, c'est de le faire élire par ses pairs, je veux dire par les membres du conseil supérieur de la guerre. Aucun autre procédé n'offre les mêmes garanties pour la conduite des opérations. Non seulement, on sera en droit de penser que celui qui sera désigné par ce procédé aura les talents qu'exige l'exercice de sa fonction ; mais en même temps, on pourra compter sur le concours empressé de ses subordonnés immédiats, car l'ayant choisi eux-mêmes en raison de ses vues sur la conduite des opérations, ils seront responsables du succès de ses entreprises et auront, en dehors du sentiment patriotique, un intérêt personnel à les faire réussir.

Or, cette bonne entente des chefs d'armée est une des conditions essentielles de la victoire ; elle était satisfaite au plus haut degré chez les chefs de l'armée prussienne en 1870 ; ils étaient toujours prêts à s'appuyer mutuellement, sans crainte de s'écarter parfois des ordres reçus, et cette noble émulation est une des causes principales de leurs succès.

Il serait donc désirable que le choix du généralissime fût réglementé comme je viens de le dire ; car, étant donné l'incompétence absolue des hommes du gouvernement, y compris le ministre de la guerre, c'est la seule manière d'avoir à la tête de l'armée un homme doué des qualités professionnelles nécessaires à l'exercice de sa fonction.

Mais, en dehors de ces qualités, il lui faut aussi un caractère énergique, indépendant et imperturbable. Il ne peut assurer la bonne direction des opérations et en assumer la responsabilité que s'il possède l'indépendance complète. Celui qui sera choisi ne doit pas accepter de remplir cette suprême fonction si cette condition n'est pas remplie. Autrement il aura le même sort que le général d'Aurelle de Paladines à Orléans. Après lui avoir imposé des dispositions défectueuses ne pouvant conduire qu'à la défaite, c'est lui qu'on en rendra responsable vis-à-vis de l'armée et de la nation. Il faut bien s'entendre à ce sujet avant l'ouverture d'une grande guerre, en partant de cette idée que le rôle du ministre de la guerre et celui du généralissime sont essentiellement distincts. A l'un de préparer les moyens de combat, à l'autre d'en déterminer l'emploi. Et si, de ces deux fonctions, la première est la plus importante en temps de paix, c'est la seconde qui doit primer toutes les autres dès que les hostilités sont engagées. Qu'on se reporte aux campagnes de Napoléon ou à la guerre de 1870, on verra que du côté du vainqueur toutes les initiatives partaient du grand quartier général, et il ne doit pas en être autrement car celui-là seul qui est en présence de l'ennemi peut savoir quand et comment il faut agir.

S'il se trompe, il n'y a pas de raison pour que celui qui est à cent lieues du champ de bataille voie plus clair; ou bien alors c'est que ce dernier aurait des facultés supérieures que l'autre ne possèderait pas, et, dans ce cas, il ne serait pas à sa place, c'est lui qui devrait être généralissime.

VI

ÉPILOGUE

LA VALEUR ACTUELLE

DE

LA STRATÉGIE

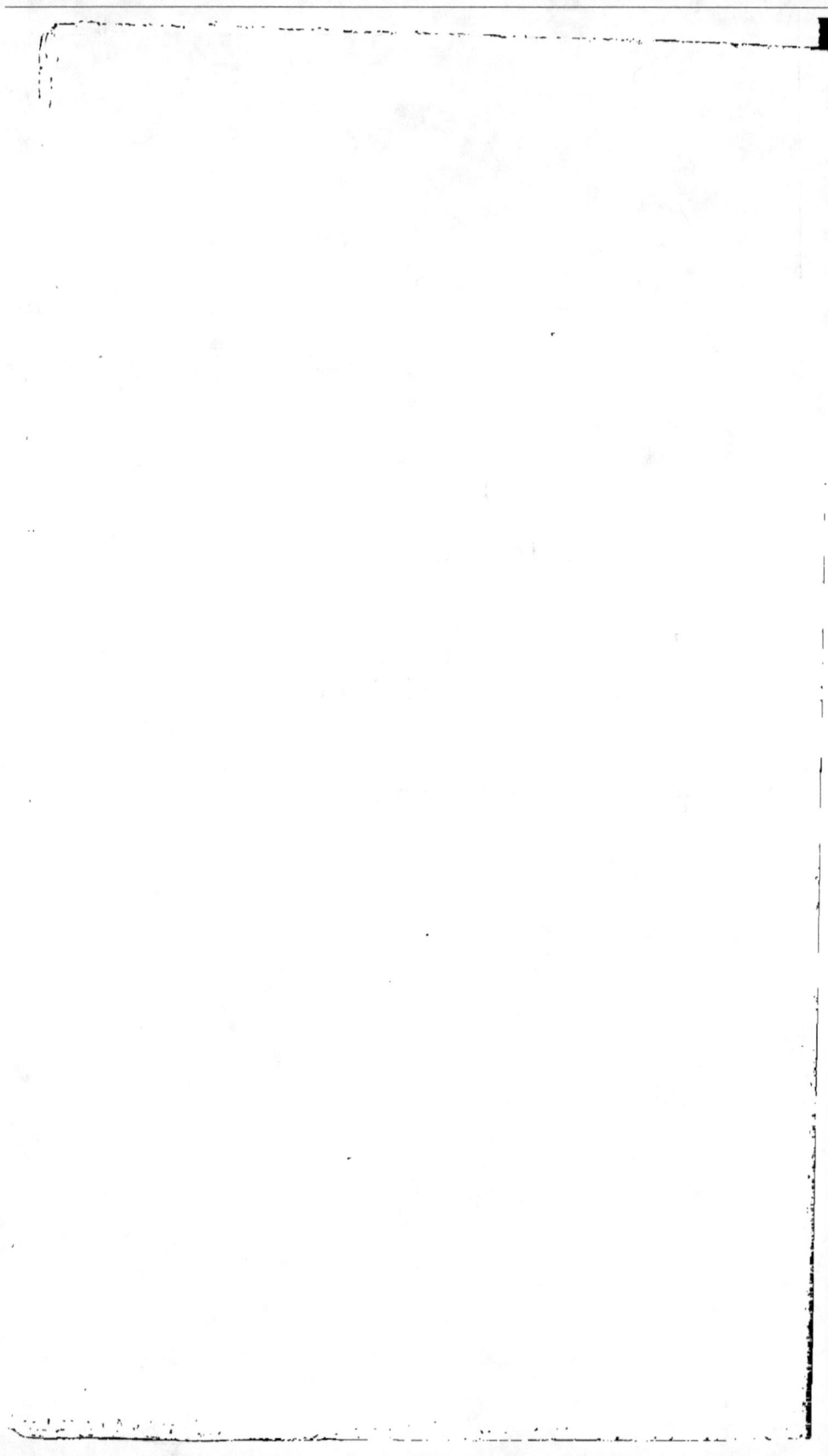

VI

ÉPILOGUE

LA VALEUR ACTUELLE DE LA STRATÉGIE

Il y avait à peine dix-huit mois que j'avais publié mon volume sur *La Guerre éventuelle*, quand la vraie guerre, que l'on prévoyait depuis si longtemps vint à éclater au milieu de l'année 1914, entraînant dans la lutte presque toutes les grandes puissances de l'Europe.

Grâce à l'activité et à l'habileté de sa diplomatie, la France avait tous les alliés dont elle pouvait attendre un appui : non seulement la Russie engagée pour soutenir la Serbie, mais aussi l'Angleterre qui n'hésita pas à s'engager résolument à nos côtés, dès qu'elle vit la Belgique menacée de l'invasion allemande ; en même temps l'Italie, quoique faisant partie de la Triple-Alliance depuis plusieurs années, déclara qu'elle resterait neutre. La France ne pouvait pas espérer la lutte dans des conditions plus favorables.

Cependant l'Allemagne qui s'y préparait sans relâche, depuis quarante ans, ne doutait pas que, avec l'aide de l'Autriche-Hongrie, elle serait en mesure d'obtenir la victoire. En déchaînant cette conflagration qui devait embraser toute l'Europe, elle comptait y trouver l'occasion d'affirmer sa puissance et d'établir sa domination sur le monde entier.

Il est actuellement trop tôt pour étudier, avec quelque détail, les péripéties de la guerre qui dure déjà depuis un an. Cependant les opérations qui se sont déroulées, tant dans le Nord de la France que sur la frontière occidentale de la Russie, comportent déjà une vue d'ensemble qui n'est pas sans intérêt. En les rapprochant des études d'art et d'histoire militaires que j'ai faites depuis plus de trente ans, on peut se demander dans quelle mesure les principes que je m'étais proposé de mettre en relief se sont trouvés en jeu, s'ils ont conservé leur valeur ou s'il faut les modifier plus ou moins dans leur partie essentielle.

A première vue, si l'on envisage spécialement la tournure que les opérations ont prise en France, on peut être porté à penser que c'est le renversement de la stratégie napoléonienne. Avec Napoléon, les armées se concentrent, marchent plus ou moins directement à la rencontre l'une de l'autre et arrivent rapidement à une bataille décisive qui dénoue la situation, en obligeant le vaincu à reconnaître son impuissance au moins momentanée et parfois à poser les armes. Cette conception des grandes opérations militaires, nous l'avons vue encore en 1870, mais il n'y a rien de semblable en 1914. Cependant les Allemands se sont visiblement inspirés des principes napoléoniens. D'abord, ayant à faire face à deux adversaires, ils ont compris sans hésiter qu'ils devaient éviter de chercher simultanément des deux côtés des actions décisives. Ils ont pris le parti de porter résolument le gros de leurs forces contre la France avec l'espoir d'en avoir rapidement raison, pendant que, avec quelques corps agissant de concert avec l'armée autrichienne, ils contiendraient les premières armées russes, se préparant après avoir mis les Français hors de cause, au moins pour

quelque temps, à ramener leurs forces principales sur
leur front oriental. C'était là assurément des dispositions fort judicieuses, mais il se trouve que, au bout
d'une année, ils n'ont encore rien obtenu de décisif.

Les Allemands occupent, il est vrai, une partie du
territoire français mais semblent incapables d'y faire de
nouveaux progrès, et du côté du front oriental, malgré
des succès incontestables contre les Russes, ces derniers
paraissent loin d'être au bout de leur résistance. Cependant l'offensive initiale contre la France avait été préparée dans de telles conditions qu'elle pouvait paraître
irrésistible.

Ceux qui ont lu *La Guerre éventuelle* pourront observer
tout d'abord que les opérations se sont déroulées dans
des conditions qui diffèrent sensiblement des hypothèses
que j'avais envisagées ; mais ceux qui connaissent, de
plus, les études qui faisaient suite à ce livre et que j'ai
publiées, pendant l'été de 1913, dans la *République
Française*, sous le titre général l'*Offensive allemande par
la Belgique*, devront reconnaître en même temps que,
cette fois, je m'étais rapproché notablement des conditions que les Allemands devaient réaliser. J'y envisageais
l'invasion de la Belgique par les deux rives de la Meuse ;
seulement j'admettais que pour pénétrer en France,
leur droite déboucherait par Charleroi, dans la région de
la trouée de Chimay. En réalité, ils ont été encore plus
loin, et leur droite s'est prolongée jusqu'à l'Escaut pour
marcher sur la Somme.

Cette offensive foudroyante, exécutée avec des forces
supérieures aux nôtres, s'est continuée jusqu'aux abords
de Paris ; la bataille de la Marne a heureusement libéré
une partie du territoire envahi. Mais à cette période
d'hostilités dont le caractère est encore la guerre de
mouvements en a succédé une autre où les armées se
trouvent réduites à peu près à l'immobilité, chacune

d'elles semblant défier les efforts de l'autre en se protégeant de fortifications improvisées.

GUERRE DE MOUVEMENTS ET GUERRE DE TRANCHÉES [1].

Il est bien certain que si l'on n'envisage que la guerre
de tranchées à laquelle nous sommes réduits depuis plus
de dix mois, elle présente un singulier contraste, non
seulement avec les opérations que Napoléon a conduites
dans toute l'Europe, au commencement du xixᵉ siècle,
mais même avec celles qui se sont déroulées en France
en 1870. Il ne faudrait pourtant pas croire que les procédés dont nous sommes les témoins soient les seuls qui
conviennent en toutes circonstances aux opérations militaires de notre époque.

Je remarquerai d'abord que pendant que les armées
en présence sur le front occidental de l'Europe se croient
tenues à l'immobilité ou à des actions de détail sans
grande envergure, les Allemands pratiquent sur leur
front oriental une guerre de mouvements aussi caracté-
risée qu'il y a cent ans. On s'explique aisément l'opposition des opérations allemandes sur les deux fronts, si
l'on se rend bien compte des circonstances qui ont
amené et devaient amener la guerre de tranchées de
notre côté. Les conditions qui y ont conduit sont de
deux sortes : d'abord la puissance de l'armement et
ensuite l'énormité des effectifs par rapport à l'étendue
des fronts d'opérations. Et il faut remarquer qu'il fallait
que ces deux conditions fussent satisfaites à la fois pour
produire les résultats que nous constatons ; la seule
puissance des armes n'y aurait pas suffi, car en rendant
les attaques du front plus ou moins impossibles, elle
n'aurait pas empêché les manœuvres débordantes au

[1] *Tablettes des Deux Charentes* du 26 août 1915.

moyen desquelles une armée, supérieure par le nombre ou par le courage ou par l'habileté des chefs, ou encore par toutes ces causes réunies, auraient pu avoir raison de l'armée adverse. D'autre part sans la puissance de l'armement, les effectifs énormes des armées en présence n'auraient pas empêché les opérations rapides et décisives, car avec des moyens de défense très limités, une armée, quoique ayant ses ailes bien appuyées, pouvait toujours craindre d'être rompue sur son front par un adversaire supérieur en nombre ou en habileté.

Pour se trouver en sécurité, à la fois contre les attaques de front et contre les manœuvres débordantes, il fallait donc disposer en même temps d'un armement assez puissant pour briser les premières et d'effectifs suffisants pour remplir entièrement les fronts opposés de manière à rendre les secondes impossibles. Or, il s'est trouvé que des deux côtés, ces deux conditions s'étaient trouvées satisfaites pendant la période qui a suivi la bataille de la Marne et qu'elles le sont encore aujourd'hui. Nous avons bien essayé, une fois sur l'Aisne, de déborder l'ennemi par la rive droite de l'Oise, puis en prolongeant notre front successivement jusqu'à la Somme, la Scarpe et la Lys : mais chaque fois, nous avons trouvé des forces allemandes devant nous assez solidement établies pour repousser nos attaques et parfois même capables de prendre l'offensive.

C'est ainsi que nous avons été amenés à nous étendre progressivement de l'Oise jusqu'à la mer, en protégeant la retraite de l'armée belge qui, après sa sortie d'Anvers, est venue s'établir à notre gauche, en avant de Dunkerque. Et comme en même temps, les deux fronts opposés étaient déjà occupés depuis l'Oise jusqu'à Belfort, que partout on s'est couvert de fortifications difficilement abordables, les armées en présence se sont trouvées incapables de se déborder ou de se rompre. Il

17

semble bien que, parmi les chefs de notre armée, personne ne se doutait qu'au bout de quatre mois les opérations aboutiraient à une pareille situation. On affirmait, dans les écoles, que tout serait fini après la première bataille, et comme on se faisait les plus graves illusions sur les forces des ennemis, on était convaincu qu'on la gagnerait ; quelques-uns même soutenaient que pour tirer parti de la victoire qui ne pouvait être douteuse, il fallait la livrer de manière à couper les forces allemandes de Berlin. Il s'est trouvé cependant des militaires que la guerre de tranchées n'a pas dû surprendre, et notamment le colonel Émile Mayer qui, avec une singulière perspicacité, avait prévu, longtemps à l'avance, qu'on y serait fatalement conduit. Pour s'en convaincre, il suffit de se reporter à l'article remarquable que cet écrivain militaire a publié dans la *Revue militaire suisse* du mois de mai 1902, où il ne faisait d'ailleurs que développer les idées dont il avait déjà émis l'essentiel en 1891. Il y annonçait de la manière la plus nette que les armées opposées, impuissantes sur leurs fronts, chercheraient à se déborder, en s'étendant de plus en plus jusqu'à ce que l'on soit arrêté par un point d'appui, une mer, une montagne ou la frontière d'une nation neutre. « A partir de ce moment, disait-il, il n'y a pour ainsi dire pas de raisons pour que la lutte finisse, du moins de ce côté. C'est ailleurs, c'est en dehors de ce champ de bataille (où on ne se bat pas) qu'on cherchera la victoire. »

C'est exactement ce qui est arrivé à la suite de la bataille de la Marne. Les deux armées opposées, en s'étendant et en se retranchant, se sont appuyées d'un côté à la mer, de l'autre, à la frontière suisse.

L'impossibilité d'une rupture est-elle absolue ? C'est là une question à laquelle je n'essayerai pas de répondre, mais ce qui est certain, c'est que, depuis le mois de novembre, toutes les attaques qui ont été tentées de part et d'autre ont complètement échoué. Malgré leur nombre, les Allemands n'ont réussi à briser notre résistance ni sur l'Yser, ni à Ypres ; et, de notre côté, nous avons éprouvé un échec grave en voulant prendre l'offensive en avant de Soissons.

On trouvera peut-être que ce dernier exemple ne serait pas suffisant pour pronostiquer à l'avance l'avortement inévitable de toute tentative d'offensive, car je crois qu'il n'était pas possible de choisir un plus mauvais point d'attaque, mais il est au moins douteux qu'en faisant un autre choix, on eût été conduit à de meilleurs résultats. Il semble donc que nous soyons appelés, nous et les Allemands, à nous tenir mutuellement en échec pendant de longs mois et que la France ne doive attendre le succès final que de son endurance et de sa persévérance jusqu'à l'épuisement de ses adversaires, ou bien encore l'intervention de circonstances extérieures.

Il en est tout autrement pour ce qui se passe en Russie. Malgré l'énormité des effectifs des armées opposées sur ce théâtre d'opérations, il est tellement étendu que les manœuvres débordantes n'y sont pas impossibles ; de plus, les Allemands ont une telle quantité d'artillerie, ils disposent jusqu'à présent de tant de projectiles que les Russes, dont, au contraire, les ressources en matériel sont très limitées, menacés d'être enveloppés sur leurs ailes, n'ont pas trouvé le moyen de résister à l'attaque foudroyante de leurs adversaires. Aussi les Allemands ont-ils réussi à faire sur le territoire russe des progrès sensibles que l'on ne peut obtenir que de la guerre de mouvements. Leurs adversaires ne pouvaient s'y opposer que par une contre-attaque énergique sur au moins une partie de leur front, et il faut croire que l'impuissance de nos alliés n'a pas d'autre cause que l'infériorité de leurs moyens. L'important est que tout

en cédant du terrain ils restent en bon ordre, et il ne
semble pas qu'ils se soient laissés entamer nulle part.
On doit espérer d'ailleurs que cette impuissance n'est
que momentanée, et que dans un avenir prochain, ils
seront en mesure de faire volte-face comme nous l'avons
fait nous-mêmes au mois de septembre de l'année dernière. Les situations ne sont pas sans analogie, et les procédés à employer pour les dénouer doivent être semblables ; il faudra revenir à la guerre de mouvements, et le
faire assez tôt pour que l'on ne soit pas arrêté par un
système de fortifications inexpugnables.

LA STRATÉGIE N'EST PAS MORTE [1].

Il faut bien remarquer en effet que la victoire de la
Marne est essentiellement le résultat d'une manœuvre
stratégique, comme d'ailleurs les succès obtenus par les
Allemands au mois d'août 1914 sur la frontière belge et
en Lorraine. A ce moment, nos adversaires ont prononcé
leur offensive avec des forces bien supérieures aux nôtres
mais il faut reconnaître aussi que leurs victoires ont été
facilitées par la répartition défectueuse de nos forces. On
n'a pas compris suffisamment, en France, que tout dépendait de ce qui se passait à la frontière de Belgique et, non
seulement on a laissé trop de monde dans la région des
Vosges, mais on a eu la malencontreuse idée de prendre
l'offensive en Lorraine et même en Alsace. On a essayé
de justifier ces dispositions en disant qu'elles avaient
pour but de retenir dans cette région une partie considérable des forces allemandes. L'idée n'était pas absolument mauvaise, mais à la condition expresse que ces
opérations aient essentiellement le caractère d'une
démonstration, qu'elles fussent entreprises avec des

[1] *Tablettes des Deux Charentes* du 28 août 1915.

forces restreintes et qu'on fût toujours prêt à passer à la défensive dès qu'on se trouverait en présence de forces supérieures, et à s'établir sur des positions fortifiées et reconnues à l'avance. Or il est certain que le terrain s'y prêtait admirablement et que, en avant de Belfort comme dans les Vosges on avait le moyen de tenir en échec les Allemands avec des forces notablement inférieures aux leurs.

Au contraire, on a voulu pénétrer sur le territoire ennemi jusqu'à Morhange ; on ne pouvait pas commettre une plus grande faute, on l'a payée par une grave défaite. C'était justement pour empêcher cette faute, que plusieurs écrits pouvaient faire prévoir, que dix-huit mois avant la guerre, j'ai publié mon volume la *Guerre éventuelle* dont les parties principales n'étaient que la reproduction de nombreux articles qui ont paru dans la *République française* pendant l'année 1911, au moment où le coup d'Agadir faisait déjà craindre l'invasion allemande. Un autre écrivain militaire, le général Maitrot, estimait également « que ce serait une folie pour les armées françaises de s'engouffrer entre Metz et Strasbourg » et il exprimait cet avis à peu près en même temps que moi, car il l'a fait au mois de septembre 1911 tandis que mes articles de la *République française* sont du mois de mai de la même année ; mais il faut convenir que nous étions à peu près les seuls à penser de la sorte. Nous avons prêché dans le désert et malheureusement les événements nous ont donné raison. On a dit encore, pour soutenir la thèse opposée, que la présence de forces très considérables sur la partie orientale du théâtre des opérations était indispensable pour donner toute sécurité à l'ensemble de nos opérations, que, pendant que l'ennemi essayait de nous déborder par le Nord, il fallait au moins l'empêcher de pénétrer sur notre territoire par ce que l'on appelait « la trouée des Vosges » afin d'éviter les conséquences désastreuses d'un double enveloppement. On a même été jusqu'à prétendre que pour fermer cette trouée, il était nécessaire de tenir à tout prix Nancy et, par suite, la ligne de hauteurs qui protège cette ville.

C'était vraiment trop abuser de l'ignorance présumée des Français sur les questions de géographie militaire. Il est manifeste, au contraire, pour quiconque a tant soit peu étudié ce sujet, que la fermeture de la trouée des Vosges est complètement indépendante de l'occupation de Nancy. Pour briser cette fermeture, il aurait fallu que les Allemands fussent en mesure de passer la Moselle entre Pont-Saint-Vincent et Épinal. Sans doute on les en empêchait en occupant Nancy, Lunéville, la forêt de Parroy et la haute Meurthe jusque vers Saint-Dié ; mais on pouvait obtenir le même résultat, et avec moins de monde, en s'appuyant à gauche à la forêt de Haye d'une défense facile, entre Pont-Saint-Vincent et Frouart, et à droite à la forêt de Charmes, et quand même il aurait fallu reculer jusqu'au Madon, on eût été encore dans d'excellentes positions et conditions pour lutter avec avantage contre l'invasion allemande.

On doit donc penser que la conservation de Nancy n'avait vraiment d'intérêt que pour la ville même et non pas pour la défense de la France. Au surplus, ce qui est regrettable, ce n'est pas tant d'avoir voulu conserver Nancy que d'avoir essayé de pénétrer au delà de la Seille et jusqu'à Morhange ; c'est cette offensive intempestive qui a été la cause d'une grosse défaite, après avoir eu pour conséquence première de nous amener à retenir dans cette région des forces qui auraient trouvé un meilleur emploi dans le Nord de la France.

Or il est certain que nous aurions pu contenir l'ennemi avec de moindres forces, si nous nous étions tenus sur la défensive ; car, puisque malgré la défaite de

Morhange et l'occupation par les Allemands de Lunéville, qui en a été la conséquence, nous avons réussi à reprendre cette ville tout en défendant Nancy, nous aurions pu les conserver l'une et l'autre, avec des forces notablement inférieures, si nous n'avions pas commencé par aller nous faire battre sur le territoire ennemi.

On n'a pas compris le principe fondamental de notre riposte à l'invasion allemande, principe sur lequel j'ai insisté dans la *Guerre éventuelle* et qui consistait à se défendre d'un côté et à attaquer de l'autre, et que c'était la seule manière d'avoir sur le théâtre décisif des opérations, des forces égales à celles de l'ennemi.

Si l'on s'en était inspiré, on aurait pu avoir 3 ou 4 corps d'armée de plus dans le Nord de la France et il n'en aurait peut-être pas fallu davantage pour arrêter le flot de l'invasion allemande ; à la condition toutefois d'éviter les fautes d'ordre tactique auxquelles on était malheureusement exposé en s'inspirant du « Règlement sur la conduite des grandes unités », du mois d'octobre 1913.

Ce que je veux conclure de ces observations, c'est que malgré la tournure qu'ont fini par prendre les opérations militaires en France, et dont le caractère est une suite d'actions locales avec l'appui des tranchées, cette partie de l'art de la guerre que l'on appelle la stratégie n'est pas complètement morte, en entendant bien qu'elle a pour objet la combinaison des mouvements qui conduisent à la bataille.

Au début d'une grande guerre, la première application à faire des principes de la stratégie ainsi comprise, consiste à répartir d'une manière judicieuse les forces nationales sur les différentes zones du théâtre des opérations, en comprenant bien que ces zones n'ont pas la même importance. Or, c'est justement sur ce point que l'on s'est trompé et l'erreur commise a été assez grave, même en supposant que l'on n'en ait pas commis d'autres, pour nous mettre dans un état d'infériorité décisive vis-à-vis des Allemands.

LA RETRAITE D'AOUT 1914 [1].

Les armées franco-anglaises furent battues sur toute la ligne, à Mons, sur la Sambre, sur la Meuse et dans les Ardennes. Heureusement l'homme qui exerçait les fonctions de Généralissime possédait des facultés de premier ordre : un grand bon sens, du sang-froid et de la fermeté. Après s'être laissé entraîner dans une mauvaise voie, en cédant à de funestes influences, il a su se reprendre assez tôt pour échapper aux conséquences redoutables de nos premières défaites. Il eut tout d'abord le grand mérite de reconnaître sans hésitation qu'il fallait battre en retraite sur toute la ligne. Une fois cette résolution prise, il dirigea cette retraite sans un instant de défaillance, se promettant bien de reprendre l'offensive le plus tôt possible et appliquant toutes ses facultés à en préparer les moyens. En attendant une occasion favorable, la retraite s'exécuta avec rapidité, mais sans dégénérer nulle part en déroute. On trouva même le moyen, sur plusieurs points, de tenir tête à l'ennemi en lui infligeant de grosses pertes.

C'est ainsi que le 2ᵉ corps de la 3ᵉ armée (général Ruffey) après avoir passé la Meuse à Stenay, précipita dans le fleuve une partie d'un corps prussien qui le serrait de près. Du côté de Rethel un corps de la 4ᵉ armée (général De Langle de Cary) livra également un brillant combat aux troupes qui le poursuivaient. A Guise, la 5ᵉ armée (général Lanrezac), quoique forte-

[1] *Tablettes des Deux Charentes* du 31 août 1915.

ment ébranlée à Charleroi, avait trouvé le moyen de se reprendre et obtint un vrai succès sur l'armée allemande de von Bülow qu'elle avait à ses trousses. La ferme attitude des Anglais, qui avaient devant eux les forces plus que doubles de von Kluck, avait permis ce succès. Malheureusement, à l'extrême gauche, une armée secondaire, forte de quatre divisions territoriales presque sans cavalerie et avec une artillerie insuffisante, n'avait pas tenu contre le flot de la cavalerie allemande, appuyée de nombreuses mitrailleuses ; ces divisions se retirèrent en désordre sur la Normandie. Malgré cette défaillance, les Anglais purent atteindre en bon ordre l'Oise à La Fère et Noyon, tandis que la 5ᵉ armée se retirait sur Laon.

Pendant ce temps, on avait fini par comprendre combien l'offensive en Alsace était intempestive et le 7ᵉ corps fut rapidement ramené de Belfort sur la Somme. C'était bien tardif et insuffisant pour arrêter le mouvement débordant de von Kluck. Après une lutte acharnée, à Villers Bretonneux et à Ployart, le 7ᵉ corps accablé par le nombre, avait dû lui aussi se mettre en retraite dans la direction de Paris, mais son énergique résistance permit au gros des forces alliées de continuer la retraite jusqu'à la Marne sans se laisser désorganiser. Pendant cette retraite, comme à la bataille, nous avions fait de grosses pertes en hommes et en matériel. De nombreux renforts furent tirés des dépôts pour les réparer ; ils arrivèrent sur le front dans les premiers jours de septembre.

La retraite avait été orientée par le Généralissime de manière que la gauche restât appuyée au camp retranché de Paris. Le 4 septembre, les Anglais, après avoir traversé la Marne aux environs de Meaux, se trouvaient vers Coulommiers ayant à leur droite les armées françaises 5ᵉ, 4ᵉ et 3ᵉ, dont la dernière restait appuyée à la place de Verdun, mais en même temps ces armées dont deux avaient changé de chefs, avaient été passablement modifiées dans leur composition. Une nouvelle armée avait été constituée entre la 5ᵉ (général Franchet d'Esperey) et la 4ᵉ (général de Langle de Cary) et mise sous les ordres du général Foch, précédemment commandant du 20ᵉ corps. Cette armée, la 9ᵉ, comprenait le 11ᵉ corps (général Eydoux) pris à la 4ᵉ armée et le 9ᵉ corps (général Dubois), attiré sur la Marne des environs de Nancy, un corps formé de la 42ᵉ division et d'une division de troupes africaines, et un autre comprenant les 52ᵉ et 60ᵉ divisions de réserve. En outre, une autre armée fut constituée, à l'extrême gauche et affectée tout d'abord au camp retranché de Paris; elle fut placée sous les ordres du général Maunoury, subordonné lui-même au général Galliéni. Cette armée devait comprendre le 7ᵉ corps revenant de la Somme, le 4ᵉ pris à la 3ᵉ armée et ramené de Sainte-Menehould sur Paris par Troyes et un troisième corps formé de deux divisions de réserve et d'une division africaine.

Cette réorganisation était à peu près terminée lorsqu'on apprit le 4 septembre que von Kluck dont l'armée formait la droite des forces allemandes, négligeant Paris, avait marché obliquement de Compiègne dans la direction de Meaux.

Dès lors le Généralissime jugea le moment venu de faire demi-tour. Aux premiers jours de la retraite, à partir du 25 août, il s'était arrêté à l'idée de reprendre l'offensive par la droite dès que ce serait possible. La rapidité foudroyante de l'offensive allemande et la nécessité de prendre un certain temps pour se ressaisir et recevoir des renforts ne lui avaient pas permis de mettre plus tôt son projet à exécution. Mais, le 4 septembre, il jugea qu'on ne pouvait attendre davantage pour s'efforcer, par une lutte acharnée, de délivrer le territoire français de l'invasion allemande.

LA BATAILLE DE LA MARNE [1].

Le 5, l'ordre fut donné de reprendre l'offensive sur toute la ligne et dans une proclamation vibrante de patriotisme, le Généralissime s'efforça de surexciter le courage des troupes en leur disant que le salut de la France dépendait de leur vaillance. Ces troupes n'attendaient qu'un mot, non seulement pour faire tête à l'ennemi, mais pour courir à sa rencontre. La résolution de leur chef a passé dans leur âme ; des gens, qui la veille, demandaient grâce, se retrouvaient des forces pour marcher en avant.

L'attaque commença le 6 par l'armée du général Maunoury qui a l'ordre d'avancer par le Nord-Est de Paris et de se porter sur l'Ourcq dans le flanc de l'armée de von Kluck. Mais ce dernier, dès qu'il se voit menacé ramène en arrière une partie de ses forces pour faire face à la 6º armée française (général Maunoury). Il ne laisse devant les Anglais que des arrières-gardes, de sorte que le général Maunoury se trouve engagé dans une lutte terrible où il ne tient ferme que grâce aux renforts que lui envoie le général Galliéni, par tous les moyens de transport dont dispose le Gouverneur de Paris.

En même temps, les Anglais, quoique un peu tardivement, se sont reportés en avant, appuyés à droite par la 5º armée (général Franchet d'Esperey). Très supérieurs en nombre aux forces que von Kluck a laissé devant eux, ils repassent la Marne, de Meaux à Château-Thierry et leur armée oblige à lâcher pied von Kluck que le général Maunoury seul a réussi à contenir.

Plus à droite, von Bülow, avec l'aide de von Hausen,

[1] *Tablettes des Deux Charentes* du 2 septembre 1915.

attaque le général Foch (9e armée) qui, quoique inférieur en nombre, oppose à ses adversaires une résistance
opiniâtre, du 6 au 9 septembre. Dans cette dernière
journée, il se rend compte que, par suite des progrès de
toute la gauche de nos forces, un vide s'est produit à la
droite de von Bülow. En reprenant l'offensive, il fait
appel à la droite de la 5e armée (général Franchet d'Es-
percy) qui a peu de monde devant elle et lui demande
de l'aider à se jeter dans ce vide. C'est cette manœuvre,
exécutée avec autant de coup d'œil que de vigueur, qui
a déterminé la victoire.

Avant qu'elle ait produit son effet, la 4e armée
(général de Langle de Cary) et la 3e armée (général
Sarrail), à notre droite, avaient lutté avec acharnement
contre les armées du duc de Wurtemberg et du Kronprinz.

Un moment, on put craindre que notre ligne ne fût
percée entre la 9e et la 4e armée, où, pendant deux
jours, le terrain ne fut occupé que par un corps de cavalerie qui a dû engager sur son front un combat à pied.
Mais, le 8, il fut heureusement relevé par le 21e corps
(général Legrand) qui lui aussi avait été tiré des Vosges
et avait débarqué à Montierender dans la matinée du 6.
Ce corps fut ensuite dirigé sur Vitry-le-François pendant
que l'armée du général Foch marchait sur Châlons;
son intervention à la gauche de la 4e armée (général de
Langle de Cary) ne fut pas inutile pour permettre à cette
armée de reprendre sa marche en avant entraînant à sa
droite la 3e armée (général Sarrail).

En somme, cette bataille de la Marne, qui commença
le 6, dura jusqu'au 10 et eut pour résultat d'amener
l'ennemi à battre en retraite sur toute la ligne, depuis
l'Oise jusqu'à la Meuse. Pendant ces cinq jours, la lutte
s'est développée sur toute l'étendue du front, mais on
doit dire que la victoire de l'armée française a été déter-

minée surtout par deux actions *distinctes* et *successives* :
d'abord l'attaque débordante du général Maunoury et
ensuite celle du général Foch au centre de la ligne[1]. Il
convient en outre de remarquer que ces deux actions
n'ont pas le même caractère ; l'une résulte d'une concentration opportune due surtout au généralissime, c'est
une opération stratégique, l'autre est une manœuvre de
champ de bataille, c'est-à-dire essentiellement d'ordre
tactique. C'est cette dernière qui a vraiment décidé la
victoire mais c'est le mouvement débordant initial qui
en a été la cause première.

On doit donc reconnaître que si les défaites essuyées à
la frontière ont pour cause principale une erreur de
stratégie, c'est au contraire par une belle conception
stratégique que l'on a réussi à refouler l'ennemi de la
Marne à l'Aisne. La stratégie n'a donc pas perdu son
importance et ce n'est vraiment encore qu'en s'inspirant
de ses principes que l'on peut obtenir des résultats
décisifs. Pour être vainqueur il faut être supérieur en
forces sur un point bien choisi ; et ce n'est qu'à la condition d'être pénétré de l'esprit de la stratégie que l'on
pourra bien choisir le point d'attaque et trouver le
moyen d'y amener les forces nécessaires au succès.

Or, nous pensons que, dans cette grande opération
dont le succès, en dégageant les approches de Paris, a
assuré le salut de la France, il ne faut pas marchander
les éloges aux généraux français. Les généraux Maunoury, Galliéni et Foch, par leur activité, leur énergie
et leur coup d'œil, ont pu réaliser dans son ensemble la
conception du Généralissime ; mais c'est cette conception
surtout qu'il faut admirer, car c'est certainement une
des plus belles pages de l'Histoire militaire de tous les
temps.

[1] Voir *Tablettes des Deux Charentes* du 13 mars 1915.

Les modifications apportées dans le groupement de nos forces avaient eu pour résultat, non seulement de commencer notre offensive par un mouvement débordant, mais aussi d'engager la lutte avec une supériorité numérique bien marquée. Les Allemands, au mois d'août, avaient traversé la Belgique avec 28 corps d'armée, dont 7 de réserve, mais les 5 armées qui avaient pénétré au cœur de la France n'en comprenaient que 21, dont 5 à Von Kluck, 4 à Bulow, 3 à Von Hausen, 4 au duc de Wurtemberg et 5 au kronprinz. Un corps avait été laissé devant Maubeuge, un autre à Reims et le reste en Belgique ; encore faut-il remarquer que deux des corps du kronprinz en s'attardant à Longwy et à Montmédy ne purent pas participer dès le début à la bataille de la Marne, de sorte que, au moment où elle s'engagea, les Allemands n'y firent concourir que 19 corps. Or, en comptant le 21e corps nous en avions 24 entre la Meuse et l'Oise. Cette supériorité numérique n'était pas superflue si l'on songe que pour lutter contre des troupes exaltées par le succès, les nôtres, à la suite d'une retraite précipitée qui avait duré quinze jours, étaient, sur bien des points, accablées de fatigue. En réalité von Kluck a eu à soutenir l'effort de forces doubles des siennes et, tout en reculant jusqu'à l'Aisne, il ne s'est pas laissé désorganiser ; et sans cette supériorité numérique bien accusée on n'en serait peut-être pas venu à bout. Or, avant tout, il fallait obliger von Kluck à céder du terrain car si l'on n'y avait pas réussi, le vide dans lequel le général Foch s'est précipité, n'aurait pas existé. On peut donc dire qu'au triple point de vue du temps, de l'espace et du nombre, le Généralissime a su réaliser toutes les conditions de la victoire.

LE PRINCIPE DE JOMINI.

Si, malgré les tranchées, on croit la reprise de l'offensive possible, il faut se demander à quelles conditions on doit satisfaire.

Pour former un plan d'opérations judicieux, il faut avant tout des principes. Or, le principe qui doit nous guider en reprenant l'offensive, c'est qu'il ne faut pas être amené à une *bataille parallèle*, ce qui veut dire qu'il ne faut pas faire un effort uniforme sur tout le front. Si l'on attaque partout, on échouera partout... Je sais que l'on peut dire que la bataille de la Marne a été une bataille à peu près parallèle, mais il faut remarquer que le succès a tenu à une circonstance particulière qui nous a mis de suite dans une position avantageuse. Quoique, après le demi-tour général des forces françaises, on ait pris l'offensive sur toute la ligne, le caractère de l'opération était que l'on a pu débuter *par un mouvement débordant que l'on a exécuté par surprise*. Von Kluck, en défilant devant Paris, ne se doutait pas qu'une armée de plus de 100.000 hommes pouvait déboucher sur son flanc droit ; il n'avait laissé, pour le protéger, qu'un corps de réserve.

En outre l'attaque contre von Kluck a été exécutée avec des forces très supérieures, tandis que vis-à-vis de Bulow, le général Foch avait des forces à peu près égales. De sorte qu'en somme on n'était pas du tout dans les *conditions de la bataille parallèle*. Dans la situation actuelle, on ne peut espérer rien de semblable ; on ne peut pas débuter par un mouvement débordant, puisque la ligne allemande est continue des Vosges à la mer. Il faudra donc commencer par obtenir une rupture du front quelque part, et c'est ce qui sera, non pas impossible, mais difficile, ce qui exigera beaucoup de sagacité pour choisir le point d'attaque, beaucoup d'habileté pour préparer l'exécution et beaucoup de vigueur de la part des troupes...

Au sujet du point d'attaque à choisir, je dirai qu'on peut procéder par élimination. Avant tout, il faut écarter la région des Vosges et éviter toute offensive en Alsace et en Lorraine... Le moment viendra peut-être d'agir dans l'Est, mais il n'est pas encore venu et ce n'est pas là qu'il faut commencer. Il faut écarter aussi toute la partie de l'Aisne comprise entre Compiègne et Berry-au-Bac ; le souvenir de Laon, en 1814, doit suffire à empêcher de songer à une pareille opération. Après avoir exclu ces deux régions, il reste encore un large champ d'opérations pour entreprendre des opérations décisives... J'insiste sur la nécessité de choisir pour l'offensive à fond une zone limitée, en se contentant partout ailleurs d'une lutte d'usure ayant pour objet de maintenir ou de contenir l'ennemi. Le principe fondamental de Jomini n'a jamais été plus vrai que dans les circonstances actuelles. Il faut s'en pénétrer pour arriver au succès [1].

Le principe fondamental de Jomini consiste à faire effort avec la masse principale des forces dont on dispose *successivement* sur plusieurs points du front de l'adversaire. Pour en apprécier la valeur, il faut se pénétrer de la juste signification de ce principe et de la manière d'en faire l'application aux conjonctures présentes.

Je dirai d'abord que ce principe, Jomini ne l'a pas *inventé* en cédant aux fantaisies de son imagination, il l'a *découvert* par l'observation des faits, en les analysant et en cherchant à rattacher les causes aux résultats qu'elles avaient produits, comme les astronomes ont découvert les lois de la gravitation en observant les mouvements des astres. C'est la méthode des sciences physiques et naturelles qui diffère profondément de celle des sciences

[1] *Les Tablettes des Deux Charentes* du 13 mars 1915.

exactes. Or, pour employer cette méthode, Jomini n'a eu qu'à regarder les événements qui venaient de se dérouler sur nos frontières et spécialement sur la frontière du Nord, dès les premières guerres de la Révolulution.

Rien n'est changé à ce point de vue, à notre époque. Si l'on veut avoir raison de l'invasion allemande, il faut faire un effort décisif sur une zone de la ligne ennemie; la grave question est de la bien choisir. Je ne veux pas dire qu'il ne faudra engager l'action que sur cette zone; au contraire, il faut d'abord provoquer la lutte sur tout le front, de manière à laisser l'ennemi dans l'incertitude, et ce n'est qu'après plusieurs jours de combat que l'on poussera à fond sur la zône choisie, en y portant le plus de forces possibles. Autrement dit, premières réserves derrière les secteurs possibles et réserve centrale pour le dernier effort. Là encore, il faut s'inspirer de ce précepte de Napoléon : *on s'engage partout, puis on voit.* Et ce n'est que quand on aura vu que l'on prendra définitivement son parti. Aussi ne doit-on pas faire la concentration principale complètement à l'avance, mais seulement au fur et à mesure du développement des opérations, et c'est une condition à laquelle on peut satisfaire par un emploi judicieux des voies ferrées.

TABLE DES MATIÈRES

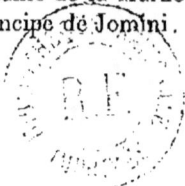

ÉVREUX. IMPRIMERIE CH. HÉRISSEY

www.ingramcontent.com/pod-product-compliance
Lightning Source LLC
Chambersburg PA
CBHW070755270326
41927CB00010B/2153